学芸みらい社
GAKUGEI MIRAISHA

まえがき

ゲームは楽しい。最高に楽しい。子どもの心を明るくする。

楽しい話をするよりも、面白いことをいうよりも、ゲームの楽しさに勝る物は少ない。活動があるから楽しいのだ。

私は、話をするのがへただった。

だから、子どもを盛り上がらせることはなかなかできなかった。

いろいろと考えた末に、ゲームを集めることに走った。

たくさんのゲームを教えてもらい、記録していった。

使えるゲーム、使えないゲームにたくさん出会った。

この本には、私が使える鉄板のゲームだけを集めた。

非常に面白い、受けたものばかりを集めている。

また、教室ですぐにできるものを集めている。

そして、ほとんどが準備を要さないものを集めている。

学級ゲームであるので、ほんの少しの隙間時間に使える。

早いものは、５分あればできる。

少し時間が余った時にしてほしい。子どもたちはきっと笑顔になる。

ぜひとも試していただきたい。

ゲームは、対戦型ゲーム、協力対戦型ゲーム、協力型ゲームと大きくわけることができる。

協力型にいくほど学級がある程度できていないとできない。本書はそのことについても詳しくふれている。

また、実際にみてみないとわからないゲームもあると思う。

いくら言葉で解説をしても、絵で解説しても限界がある。

だから、自分のサークルで特別例会を開いて、全てのゲームを指導している映像を収めた。

恐らく、今までのどのゲーム本にもなかったものだと思う。

ぜひともご覧いただきたい。

最高の学級にするためには、楽しいことを子どもたちに提供できなければいけない。

学級の段階にあわせた楽しいことを提供できなければいけない。

本書は、よくあるただのゲーム本ではない。

ゲーム本であると同時に、学級経営本である。

ぜひ、お手に取って使っていただき、素敵な学級になる一助としてゲームを使っていただければ幸いである。

共に子どもが喜ぶクラスを作っていきましょう。

山本東矢

目次

I 効果抜群！仲間づくり学級ゲーム定番50

対戦型 20

準備なし

船長さんの命令

準備あり

協力対戦型 10

準備なし

準備あり

協力型 20

準備なし

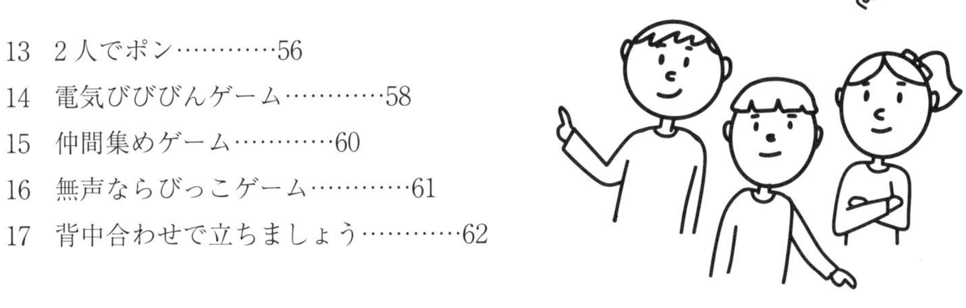

全ゲーム概略

Ⅱ　学級が大成長！ゲーム指導の基本をおさえよう

Ⅲ トラブル、ハプニング対応が学級大成長につながる

Ⅳ 意図したゲームが学級を救う〜よいこと起こる秘密〜

1 気が付けば“あのやんちゃ”が命令通り？

2 山本が語る「ゲームと学級経営」

効果抜群！仲間づくり
学級ゲーム定番50

対戦型１　準備なし

動画でチェック⬇⬇

ミャンマーゲーム

２人組で行う ｜ 時間：３～７分 ｜ 学年：全学年

ルール

①１対１対戦
②じゃんけんをする。勝った方が先に「ミャンマー」と言う。負けた方の後は「ミャンマー、ミャンマー」と２回言う。先の人は、次に３回言う。
③だんだんと「ミャンマー」と言う数を増やしていく。
④言い間違えたら負けというゲーム
⑤立ち歩いて、いろいろな友だちと対戦をする。

指導手順　はじめ

①ミャンマー、言ってみて。（ミャンマー）
②ミャンマー、ミャンマー。３回言って。
（ミャンマー、ミャンマー、ミャンマー）
③先生は４回。ミャンマー、ミャンマー、ミャンマー、ミャンマー。みんなは５回。はい。
（ミャンマー、ミャンマー、ミャンマー、ミャンマー、ミャンマー）
④こうやって、ふやして言っていくゲームです。
⑤林君、きて。
最初はグー、じゃんけん、ポン。（教師が勝ったとする）
ミャンマー。林君は２回。（ミャンマー、ミャンマー）
⑥ミャンマー、ミャンマー、ミャンマー
（ミャンマー、ミャンマー、ミャンマー、ミャンマー）
⑦上手だね。やり方わかった人？
では、隣とやりなさい。（やらせる）
⑧だいぶ、わかったね。立ち歩いて勝負をしてきなさい。
（やらせる）
⑨席に座らせる。
（たくさんの人と勝負をした人？　えらいね）

ポイント解説留意点

①この後は、生き残り、ミャンマーゲームをしても面白い。（立ち歩いて勝負。負けたら席に座る）
②このゲームは接触が少ないので、かなり成功する確率が高いゲームである。
③１年生は、普通にニャンマーなどと言ってしまうので、「あぶりカルビ」でやっても面白い。

対戦型 2　準備なし

算数じゃんけん

動画でチェック⬇⬇

2人組で行う ｜ 時間：3～7分 ｜ 学年：全学年

ルール

①たし算のじゃんけんをする。
②じゃんけんの手は、指を立てる数で決まる。
　人差し指の1本を立てたら、1。
　ピースの形で指を2本立てたら、2。
　3、4、5と指を立てた数で決まる。
③相手が出した数と自分の数を足した数を言う。
④早く言った方が勝ち。

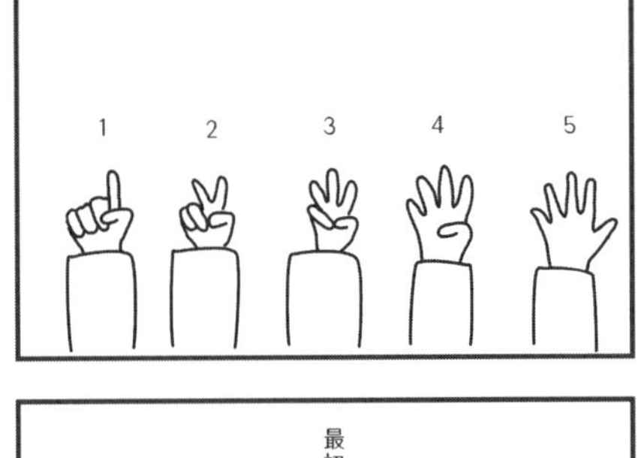

指導手順　はじめ

①算数じゃんけんをします。
②1、2、3、4、5（指を出しながら）
　やってみて。（指を出して、やらせる）
③「算数、じゃんけん、じゃんけんぽん！」と言いながら、
　1～5を出します。
④本吉君、やるよ。
　算数じゃんけん、じゃんけんぽん。
　（教師3、子ども2とする）
　5。3＋2で5ですね。
　先に言った方が勝ちです。
⑤林君。
　算数じゃんけん、じゃんけんぽん。
　（教師5、子ども1とする）
　6。先生の勝ちね。
⑥やり方わかった人？
⑦立ち歩いて、やってきなさい。5人としたら戻る。
　（やらせる）

ポイント解説留意点

①かけ算でもできる。3と4ならば12と
　早く言う。
②ひき算でもできる。3と4ならば、4－3で1である。
③両手算数じゃんけんもできるが、これは、普通の算数じゃんけんに慣れてからするのがいい。
④0はなし。グーで0とする子がたまに出るがなしにする。
⑤いろんな子とやっている子をみつけてほめるようにする。
⑥立てる指は、みえやすいようにするように指導する。

対戦型３　準備なし

船長さんの命令

全員で行う ｜ 時間：３～７分 ｜ 学年：全学年

ルール

①「船長さんの命令です。～～」と言ったら言うことをきく。
②ただ命令されたことは言うことをきいてはいけない。
③ひっかかったらアウトというゲーム。

指導手順　はじめ

活動させながらルールを体感させる

①船長さんの命令ゲームをします。
②船長さんの命令です。立ちましょう。
③船長さんの命令です。手をあげましょう。（手をあげる）
　手をおろしましょう。（手をおろす人が多数）
　今の手をおろしましょうは、おろしません。
　「船長さんの命令です、手をおろしましょう」
　と言ったらおろせます。

④船長さんの命令です。両手をあげて。（両手をあげる）
　船長さんの命令です。おろして。（両手をおろす）
　また、あげて。（半分ぐらいの子が手をあげる）
　あげてないですね。船長さんの命令と言ったときに、
　言うことをきくゲームです。だから今あげたらだめだよ。
　意味わかってきたかな？
　ここから、本番ね。

⑤船長さんの命令。拍手１回。（拍手１回する）
　船長さんの命令、拍手２回。（拍手２回する）
　うまい、拍手３回。（数名が拍手する）
　したらだめなんですよ
⑥船長さんの命令、拍手をたくさん！！（拍手をする）
　ストップ！（数名が拍手をやめる）
　とめたらだめなんですよ。
⑦みんな上手ですね。今のところ、引っかかっていない人？
　（けっこうな人が手をあげる）
　すごい！　でも、その人も今アウトになりました。

ポイント
解説
留意点

①早くテンポよくすると、楽しい。
②このゲームは、教師の指示を通りやすくする副産物がある。
③船長さんの命令というのは長いので、うまくなれば、「命令命令、手をあげて」と短く言うようにして、進める。

対戦型 4　準備なし

キャッチ

動画でチェック⬇⬇

２人組で行う ｜ 時間：３～７分 ｜ 学年：全学年

ルール

①右手人差し指を立てる。左手でわっかをつくる。
②相手のわっかに、右手人差し指を入れる。
　相手の右手人差し指を左手わっかに入れる。
③キャッチと言ったら、左手をしめる。右手を抜く。
④左手で捕まえて、右手が抜けたら勝ち。
　左手で捕まえられなくて、右手が捕まったら負け。

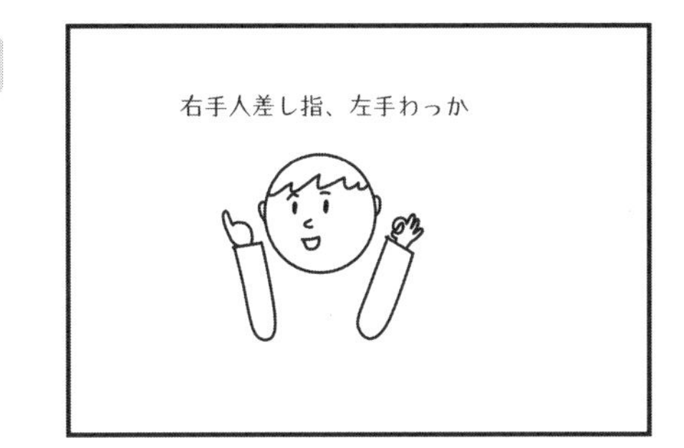

指導手順　はじめ

基本の動きを活動を通して説明

右手、人差し指出して。左手、わっか。
(教師が見本をしめして、教える)
右手、人差し指を、わっかに入れて。
キャッチと言ったら、わっかをしめて。
キャッチ。(左手のわっかをしめる)
キャッチと言ったら、右手人差し指を抜いて。
キャッチ。(右手人差し指を抜く)
この動きを使うゲームです。

２人組で実際にやってみて体感させていく

向かい合って。
右手は人差し指。左手わっか。言ってみて。
(右手は人差し指。左手わっか)
右手人差し指を、相手のわっかに入れて。そうそう、うまい。
キャッチと言ったら、抜いて、しめてね。
まあ、とにかくやってみましょう。キャー、キャー、
キャッチ！！（右手は抜いて、左手はしめる）
捕まえた人。抜けた人？　同時にできれば勝ちね。
キャー、キャー、キャッチ！
(２、３回する。みまわりながら)
やり方わかった人。よかった。じゃあ、本番ね。

ポイント 解説 留意点

①接触を嫌がる子がほとんどでないとわかっているときに行う。
②５人でも何人でもできる。クラス全員でもできる。
③キャットフード。キャット。キャイーン。キャラメルコーン。などを間に挟むと
　笑いが起こって楽しい。

対戦型 5　準備なし

動画でチェック⬇⬇

落ちた落ちた 改

先生対全員 ｜ 時間：3～7分 ｜ 学年：全学年

ルール

①落ーちた、落ちた、(なーにが落ちた)
　で通常通りの落ちた落ちたをする。
②かみなり、リンゴ、げんこつの通常バージョン以外に、あかちゃん（だきかかえる)、ばくだん（拾ってなげる)、ガラス（横によける)、1万円（ジャンプしてキャッチ）を入れる。

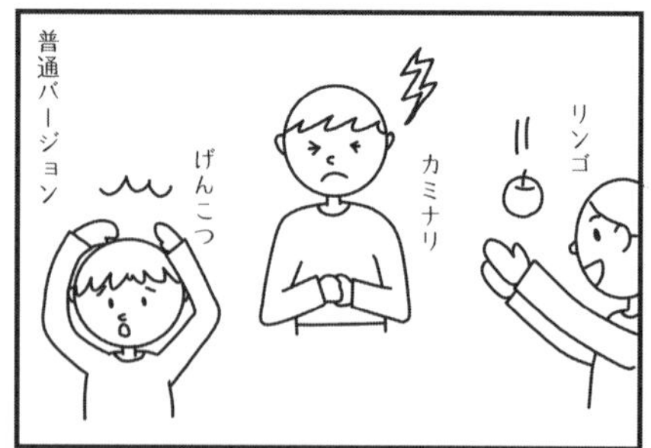

指導手順　はじめ

①落ちた、落ちた。(なーにが落ちた)
②リンゴ。(目の前ですくう手)
③落ちた、落ちた。(なーにが落ちた)
④かみなり。(おへそをかくす)
⑤落ちた、落ちた。(なーにが落ちた)
⑥げんこつ。(頭をおおう)
　(数回練習する。リンゴと言って、おへそを隠すなどのフェイントを入れる)
⑦よく、覚えているね。これは普通バージョン。
　進化させるよ。
⑧落ちた、落ちた。(なーにが落ちた)
⑨あかちゃん。(手を広げて、あかちゃんをかかえるポーズ)
　あかちゃんが落ちてきたら、キャッチしないといけません。
⑩落ちた、落ちた。(なーにが落ちた)
⑪ばくだん。すばやくとって、なげかえしましょう。えい。
　(とって、なげかえす、しぐさ)
⑫落ちた、落ちた。(なーにが落ちた)
⑬ガラス。あぶないで、横にジャンプ。(横にジャンプする)
⑭落ちた、落ちた。(なーにが落ちた)
⑮1万円。早く取ります。ジャンプして。
　(ジャンプして、つかむ動作)
　(いろいろとまぜて、フェイントの動きを入れて、言う)

ポイント解説留意点

①楽しそうにやっている子や大げさに動いている子をほめる。
②「目をつむっている人はアウトね」と伝える。
③自分で考えた動きをさらに取り入れると面白い。

対戦型６　準備なし

かめはめ波じゃんけん

動画でチェック⬇⬇

２人組で行う ｜ 時間：３～７分 ｜ 学年：全学年

ルール

①「かめはめ、波ー」で、手を出す。
グー、チョキ、パー、かめはめ波、かめはめ波返しの５つ。
②「かめはめ波」は、「かめはめ波返し」以外に勝てる。
（かめはめ波返しだけに負ける）
③「かめはめ波返し」は、「かめはめ波以外」に負ける。
（グー、チョキ、パーに負ける）

指導手順　はじめ

①かめはめ波じゃんけんをします。
かー、めー、はー、めー、波――！
で、ジャンケンの手を出します。先生と勝負だよ。
かー、めー、はー、めー、波――！（グーを出す）
勝った人？　負けた人？　あいこの人？
やり方わかった？　じゃあ、近くの人とやってごらん。
（やらせる）
②本当のかめはめ波の手、両手でうつ形をやってみて。
（教師もする）
これは、グー、チョキ、パーに勝てます。
では、これも入れて何回かやりなさい。
（やらせる）
（かめはめ波ばかりで勝負がつかなくなる）
③このままだとずっと終わらないでしょ。
かめはめ波返しを教えます。かめはめ波返し！
（片足をあげて、手をつるの形にして両手をあげる）
やってみて。
（かめはめ波返し）
いいねえ。これは、かめはめ波には勝てます。
ただし、グー、チョキ、パーには負けます。
これで本番できるね。やってみよう。（やらせる）

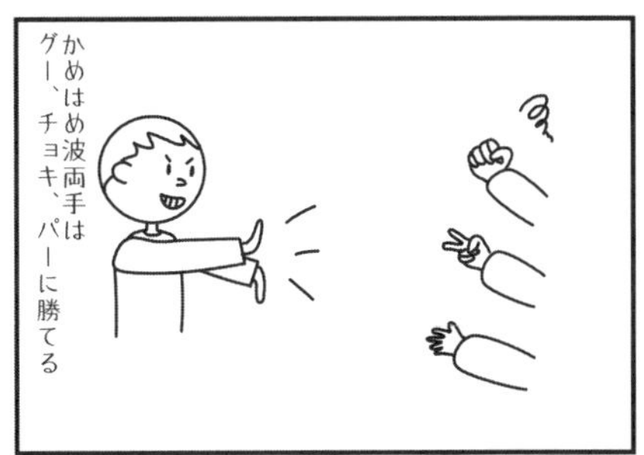

ポイント解説留意点

①男の子が特にやる気になって進んでやる。女の子は、よくわかっていない場合もあるので、男の子に教えさせる。
②なりきってやっている子、異性でやっている子をほめる。
とにかく元気な子をほめる。

対戦型 7　準備なし

動画でチェック⬇⬇

西部劇じゃんけん

２人組で行う ｜ 時間：３～７分 ｜ 学年：全学年

ルール

①２人組、背中合わせになる。
②1、2、3と１歩ずつ、離れていく。
③振りむいて、「バン！」と言って、じゃんけんをする。
④負けたら、「やられたー！」と言って大げさに倒れる。
勝ったら、喜ぶ。
あいこの時は「ヒョイッ」と言って弾をよける動作をする。
そして、また、「1、2、3、バン！」と言って弾をうつ。

指導手順　はじめ

①西部劇じゃんけんをします。
②1、2、3バン！！　言ってみて。（1、2、3バン！）
もう一度。（1、2、3バン！）
③「バン！」でじゃんけんをしますよ。先生と。
④勝った人、「やったー」言ってみて。（やったー！）
⑤負けたら、「やられたー」はい。（やられたー！）
⑥あいこは、「ひょい！」はい。（ひょい）
⑦勝ったときは？（やったー）負けたときは？（やられたー）
あいこは？（ひょい）
（何回か練習）
⑧見本でやってみよう。A君、B君とやってみて。
（やらせて、修正などする）
⑨じゃあ、みんなでやってみて。
（やらせる）
⑩はい。ストップ。A君、きて。
先生と背中合わせ。1、2、3で、後ろに歩いていって。
そして、バン！
これで完成です。さあ、やってみて。
⑪（やらせる）
⑫いろんな人とやってごらん。

ポイント解説留意点

①勝った後に「10年はやいな」とか「まだまだだな」とかセリフや動作を考えさせて言わせると面白い。
②動作がよい子を取り上げて、見本でみせる。そしてやらせると子どもはさらにいろいろな動きをするようになる。

対戦型 8　準備なし

Wじゃんけん

動画でチェック⬇⬇

2人組で行う｜時間：3～7分｜学年：全学年

ルール

①２人組。
②両手を使ってするじゃんけん。
③「Wじゃんけん、ほい、ほい」で、片手ずつ出す。
（例えば、グーとチョキを出す）
④「ひっこ抜いて、ほい」で、片方の手をひっこ抜く。
（例えば、グーを抜くならば、チョキで勝負となる）
⑤出た方の手で勝負するじゃんけん。

指導手順　はじめ

①言ってみて、Wじゃんけん、ほい、ほい。
（Wじゃんけん、ほい、ほい）
ひっこ抜いて、ほい。（ひっこ抜いて、ほい）
②上手。Wじゃんけん、ほい、ほい。
（実際にやりながら。例えば、グーとチョキ）
ひっこ抜いて、ほい。（チョキを抜いて、グーを出す）
残っているのは、グーね。これで勝負。
だから、パーの人が勝ちね。
③もう一度するよ。
Wじゃんけん、ほい、ほい。
（実際にやりながら。例えば、パーとチョキ）
ひっこ抜いて、ほい。（チョキを抜いて、パーを出す）
残っているのは、パーだよ。チョキで勝ったかな？
④わかってきたね。練習してみよう。
全員立って、負けたら座るよ。
Wじゃんけん、ほい、ほい。（例えば、グーとチョキ）
ひっこ抜いて、ほい。（チョキを抜いて、グーを出す）
残っているのは、グーね。パーの人が勝ちね。
（3回ほどやる）
⑤わかってきたね。隣の人とやるよ。
⑥立ち歩いて5人の人とやってみましょう。

ポイント
解説
留意点

①手はなるべく高めに出すようにして、みえるようにする。
②やっていると勝つ方法、負けにくくなる方法を発見する子が出る。そういう子をみつけたら、みんなの前ですぐ賞賛。

対戦型９　準備なし

まあいっかじゃんけん

２人組で行う ｜ 時間：３～７分 ｜ 学年：全学年

ルール

①じゃんけんをする。
②勝ったら「ありがとう」と言う。
　負けたら「まあいっか」と言う。
③早く、言葉を発した方が勝ち。

指導手順　はじめ

先生と勝負しながらルール説明

①「勝ったらありがとう。負けたらまあいっか」言って。
　（勝ったらありがとう。負けたらまあいっか）
②見本でやるよ。松下君。最初はグー、じゃんけんぽん。
　（勝ったら「ありがとう」。負けたら「まあいっか」と言う）
③じゃあ、隣の人と３回やってみて。（やらせる）

ルール追加１

④これで終わりじゃないよ。
　先に「ありがとう」とか「まあいっか」を言った方が
　勝ちなのです。やってみるよ。（見本をみせる）
⑤じゃあ、近くの人とやってみて。（やらせる）
⑥立ち歩いて、５人の人と勝負しておいで。（やらせる）

ルール追加２

⑦いよいよ、本番。
　あいこの場合は、「やったあ」でハイタッチします。
　見本をするよ。グー出してね、松下君。
　最初は、グー、じゃんけんぽん。（お互い、グーを出す）
　「やったあ」（ハイタッチ）
⑧さあ、難しくなったよ。近くの人とやってごらん。
　（やらせる）
⑨先生がいいと言うまで、いろいろな人とやりましょう。
　（やらせる）

ポイント解説 留意点

①じゃんけんができる学年ならばいける。
②特に仲良し度は気にしなくていい。
③このじゃんけんをすることで、少し負けを受け入れることが容易になる。くせのように「まあいっか」と言うから。
④ルール追加２はなくてもいい。入れるなら３回目ぐらいに。

対戦型 10 準備なし

うし・うまゲーム

動画でチェック⬇⬇

2人組で行う ｜ 時間：3～7分 ｜ 学年：全学年

ルール

①2人組、右手で握手する。
②「うし」と「うま」とわける。
③教師が「うし」と言ったら、うしはうまの手をたたく。
（左手で）うまは左手のひらでガード。
④教師が「うま」と言ったら、うまはうしの手をたたく。
（左手で）うしは左手のひらでガード。
⑤たたけたり、ガードできたりすればいいというゲーム。
⑥間違えてたたいたら、2回手をたたかれる。

指導手順　はじめ

①うし・うまゲームをします。
②隣とじゃんけん。
勝った人がうし、負けた人がうまです。
③うしの人、手をあげて。（うしが手をあげる）
うまの人。（うまが手をあげる）
④う、う、うし。（うしが手をあげる）
う、う、うま。（うまが手をあげる）
⑤右手で握手をして。
う、う、うし。（うしが手をあげる）
う、う、うま。（うまが手をあげる）
そう、左手で手をあげます。
⑥先生がうまと言ったら、うまの人が相手の手をたたきます。
うしの人はこうやって、ガードします。（手のひらで）
⑦うしと言ったら、うしがたたく。うまがガードね。
⑧まあ、やってみよう。
う、う、うし。（うしがたたく。うまがガード）
う、う、うま。（うまがたたく。うしがガード）
⑨わかってきたね。
⑩う、う、うりぼう。間違えてたたいた人がいたら、
2回たたいていいからね、相手の手を。
⑪う、う、うま。（うまがたたく。うしがガード）

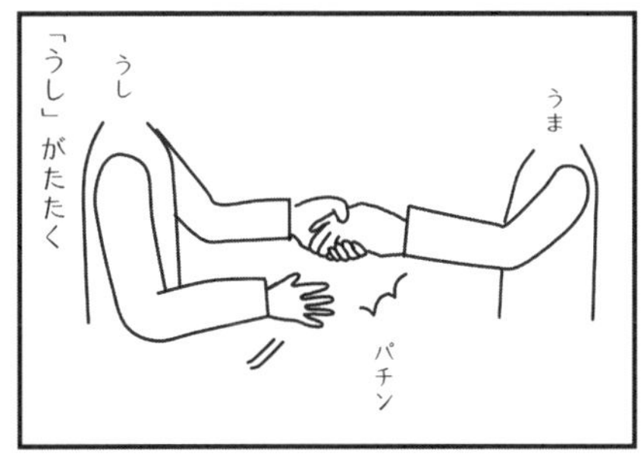

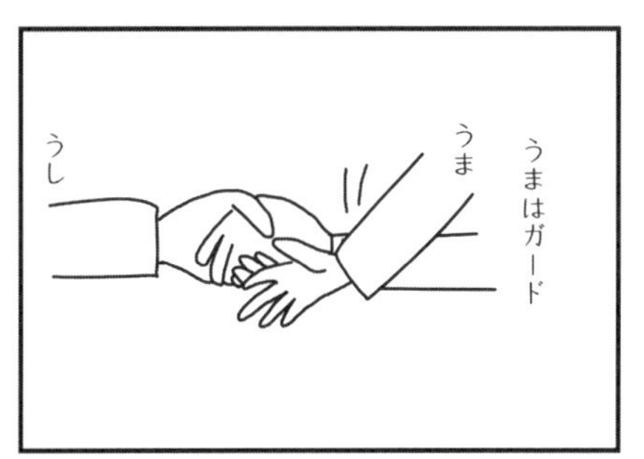

ポイント解説 留意点

①クラスの仲がある程度いいときにする。
②握手をしているというふれあいがあるのがいいゲーム。

対戦型 11　準備なし

動画でチェック⬇⬇

生き残り！数あてゲーム

全員で行う ｜ 時間：7 ～ 15 分 ｜ 学年：全学年

ルール

①クラスの人数分の数字（例．1 ～ 38）を黒板に書く。
②子どもたちは黒板に背を向ける。
③一人一人、順番に、数字を一つ言わせていく。
④言った数字に、×をつける。
　続けていくと×の数字が多くなる。
　その×の数字を言わなければセーフ。
⑤セーフが続き、最後まで生き残った人が勝ち。

指導手順　はじめ

①生き残り！数あてゲームをします。
②1 ～ 10 の数字を書きますね。（黒板に書く）
③一人、一つの数字を言えます。
④林君、言ってみて。（1 です）
⑤オッケー、1 を消すね。（1 に×をつける）
⑥本吉君は？（5 です）5 ね。×を書くよ。
⑦さて、みなさん、後ろを向いてください。
　次、言いたい人？　小林君。（4 です）4 ね。4 はセーフ。
⑧次、木村君。（7 です）7 はセーフ。
⑨次、野崎君。（5 です）
　5？　あー、5 はもう出ているね。アウト。座りましょう。
⑩このように、出ていない数字を言うゲームね。
　最後まで生き残れば、OK です。
⑪では、本番、40 まででやるよ。（そのクラスの人数）
⑫では、はしっこの人立ってください。じゃんけんします。
　勝ったところからスタートしますよ。
　（じゃんけんさせる）
　はい、では勝ったこちらから、ヘビのように進むからね。
⑬（ゲームをする）

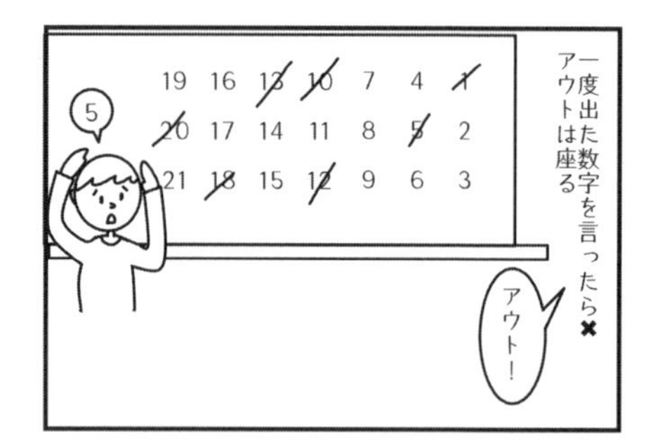

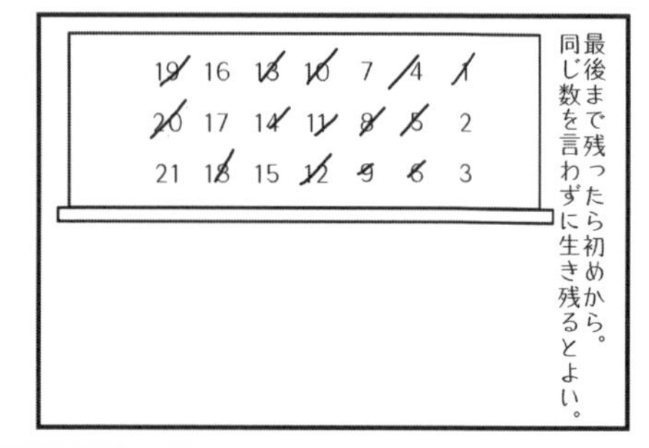

ポイント解説留意点

①失敗して待っている子の態度も大事。終わった後に友だちをみて、応援している人がいればおおいにほめる。
②数字は、あらかじめ書いておくと時間をとられない。
（画用紙等に 1 ～ 10、11 ～ 20 と書いておくのもいい）
③進めていく順番は、出席番号順などでもいい。

対戦型 12　準備なし

動画でチェック⬇⬇

あいこでイェーじゃんけん

2人組で行う ｜ 時間：3～7分 ｜ 学年：全学年

ルール

①じゃんけんをする。
②あいこの時に「イェー」と言いながらハイタッチをする。
③勝っても、負けても関係はない。ひたすらあいこを目指す。
④いろいろな人とあいこになることを目指す。

指導手順　はじめ

①あいこでイェーじゃんけんをします。
②じゃんけんをして、あいこの時に「イェー」と言いながら、ハイタッチをするだけです。
③簡単でしょ。隣とします。
　3回「イェー」ができたら座ります。
④（やらせる）
⑤意味わかったね。では、立ち歩いてやってらっしゃい。成功した人数が多い方がいいよ。
（やらせる）
⑥はい、席に座ります。
　5人以上とできた人？　えらいね。いいね、関わり増えるね。
⑦ハイタッチですが、自分の肩より上の部分でしていた人？高い方がいいよ。じゃあ、やってみて。3人と成功したら座りましょう。
（やらせる）
⑧上手ですね。笑顔でできた？　本吉君はすごい笑顔でしたよ。
あんな感じでやろうね。
⑨笑顔で5人とできたら座りましょう。
（やらせる）

ポイント解説 留意点

①単純なゲームだが、盛り上がる。
②テレパシーゲームに似ているが、テレパシーゲームよりも早く勝負がつき、スピード感がある。
③ただ、接触があるゲームなので、ある程度クラスの仲が良くないとできないゲーム。
④さらに盛り上げたい時は、「自分の方が先にイェーと言った人？」とか「自分の方が声が大きいと思う人？」などを入れてみると面白い。

対戦型 13　準備なし

動画でチェック⬇⬇

条件じゃんけん

２人組で行う ｜ 時間：３～７分 ｜ 学年：全学年

ルール

①２人組。
②どちらかが「〇だけ出さない、じゃんけんぽん」と言う。
（〇の中は、グーかチョキかパーとなる）
（言う方が有利なので、これを決めるのもじゃんけんにしてもよい）
③「グーだけ出さないじゃんけんぽん」→パーかチョキだけ
④「チョキだけ出さないじゃんけんぽん」→グーかパーだけ
⑤「パーだけ出さないじゃんけんぽん」→チョキかグーだけ

指導手順　はじめ

①条件じゃんけんをします。
②グーだけ出さないーーじゃんけんぽん。（チョキを出す）
グーを出したら、負けだよ。
もちろん、パーも負けね。先生がチョキだから。
③パーだけ出さないーーじゃんけんぽん（チョキを出す）
パーを出したら負け。グーを出したら勝ちだね。
④チョキだけ出さない、じゃんけん、ぽん。
⑤（３回ぐらいする。テンポをあげる）
⑥２人組でするよ。見本２人きて。
普通に、じゃんけんして。勝った方が先に言えるよ。
「グーだけ出さない」とか。じゃあ、やってみて。
（見本で勝負をさせる）
⑦じゃあ、やってみて。３人ぐらい。
⑧はい。やってみると、〇だけ出さないじゃんけん、ぽんって言う人の方が有利ですね。だから、始めのじゃんけんに勝つとぐっと有利です。
⑨だから、次からは交代交代で「〇だけ出さないじゃんけんぽん」と言いましょう。先に言えるのは、普通のじゃんけんで勝った人からね。ちょっと見本。（見本でさせる）
⑩じゃあ、やってみて５人ほど。

①何十回とやっていくと、法則をみつけることができるようになっていく。それをまたほめる。
②けっこう脳トレみたいなもので、頭をつかって面白い。

対戦型 14　準備なし

動画でチェック⬇⬇

番町さらやしき

4～6人組で行う ｜ 時間：3～7分 ｜ 学年：全学年

ルール

①4～6人で行う。
②1まーいで手を真ん中に空中にうかす。
③2まーいで、相手の上に手を重ねる。
3まい、4まーいでどんどん手を重ねていく。
10枚ぐらいで両手がふさがっていても下の手を抜いて上に重ねていく。
④パリーンと教師が言ったら、一番下の手の人が手を抜いて、一番上の人の手をたたく。
ほかの人は手がたたかれないように手をひいてにげる。

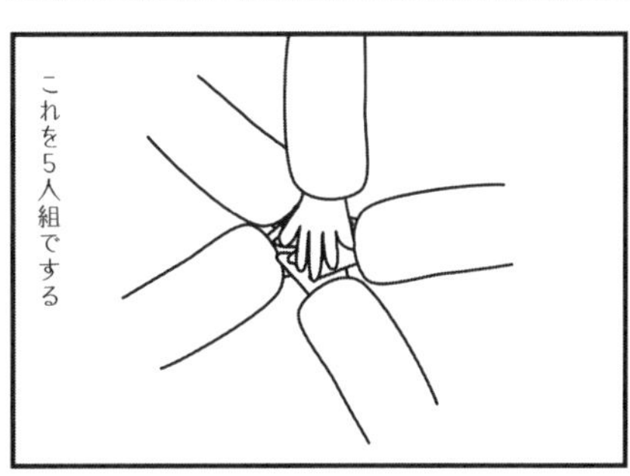

指導手順　はじめ

①番町さらやしきをします。
②マネします。1まい、2まい、3まい・・・
（自分の手をつかって重ねていく）
③パリーンと言ったら、下の手を出して、たたきます。
④2人組でやってみます。隣の2人と。
⑤じゃんけんして。（させる）
⑥勝った人が先。
1まーい。2まーい。3まーい。
もし、次にパリーンと言ったら4枚目出す人が下の手を抜いてたたくんだよ。そして、ほかの人は、手を抜いて逃げます。4まーい。5まーい。パリーン。
（6枚目を出す人が下から手を出してたたく）
⑦意味わかってきた？　もう1回ね。（やらせる）
⑧では班でやります。1、2、3、4、5と順番を決めます。決まったら座る。班長1番、副班長2番、後は、じゃんけんかゆずりあって決めます。決まったら座る。
⑨ではいきます。1まーい。2まーい。3まーい。4まーい。5まーい。～10まーい。11まーい。パリーン。
（12枚目の人が手をたたく）
⑩ルールわかってきたね。すばらしい。

①密着感があり、とても楽しいゲーム。
②手を空中にうかせて重ねていかない班があるので教える。

対戦型 15　準備なし

動画でチェック⬇⬇

名前変え返事ゲーム

4～6人組で行う ｜ 時間：3～7分 ｜ 学年：3年生以上

ルール

①班でする。（4～6人）
②円になる。
③右隣の人の名前をもらう。
④名前を言ってみて、確認する。
⑤１番最初に名前を言う人を決める。
⑥最初の人が名前を言う。名前をもらった人が返事をする。
間違えて返事をするとだめというゲーム。
返事をしたら、すぐに、だれかの名前を言う。

指導手順　はじめ

①名前変え返事ゲームをします。
②３人、見本できて。
本吉君、林君、西尾君きて。円になります。
③右隣の人の名前をもらいます。
だから、本吉君は、林君になります。
林君は、西尾君。
西尾君は、本吉君になります。
④もらった人の名前を３回は言ってみて。（言わせる）
⑤先生が名前を言います。名前をもらった人が答えてね。
西尾君！
（はい！）（林君が答える）
そう、今、林君は西尾君だから。林君が答えるんだね。
⑥次、新しい西尾君（本当は林君）だれかの名前を言って。
（本吉君）
（はい！）（西尾君が答える）
そうだね。これは、西尾君が答える。
⑦はい、しばらくやってみてください。
（たまに間違えたりして面白い）

①はじめは右隣の人が名前をもらうが、しばらくしたら、右隣にしない。よけいに間違いやすくなって面白い。
②低学年や難しそうな場合は、まずは、普通に名前よび返事ゲームにする。それから、右隣の人の名前をもらうようにする。ステップを踏んで教えていくのが大事。

対戦型 16　準備なし

動画でチェック⬇⬇

ノット20

2人組で行う｜時間：3～7分｜学年：2年生以上

ルール

①2人で対戦。
②数字を最高3つまで言える。
「1、2、3」→「4」→「5、6」など
③最後に20を言ったら負け。

指導手順　はじめ

①ノット20というゲームをします。
②木原君きて。2人で見本をします。
③1、2、3。木原君、4か、4、5か、4、5、6か。
言って。（4、5）
④6。
次の数字を1～3つ言うことができるのです。
木原君は、7か7、8か7、8、9を言いましょう。
⑤（7、8）
⑥10、11。このように、数字を言っていって、20を最後に言ったら負けというゲームね。
⑦（12、13、14）
⑧15。
⑨（16、17）
⑩18、19。
⑪（20）
⑫ということで、先生の勝ちね。やり方、わかった人。
もう一度やってみるよ。先生と勝負したい人？
はい、中桐君。
⑬（中桐君と勝負）
⑭やり方わかった人？
はい、では、隣の2人とやりましょう。

ポイント解説留意点

①15を言えたら勝ち。相手が16なら、17、18、19。
②11を言えたら勝ち。相手が12、13なら、14、15。
③7を言えたら勝ち。相手が8、9、10なら、11。
④3を言えたら勝ち。相手が4なら、5、6、7と言う。
⑤ジャンケンで勝って、3を言えるかどうかで勝ちが決まる。
⑥いろいろな人とやらせて、チャンピオンを作っても面白い。

対戦型 17　準備：お札

動画でチェック⬇⬇

お金持ちゲーム

全員で行う ｜ 時間：5～10分 ｜ 学年：全学年

ルール

①はじめ、お金を3枚もつ。
②いろいろと立ち歩く。
③じゃんけんをして勝ったらお金をもらう。
　負けたらお金を渡す。
④なくなったら、先生からお金を2枚もらう。
⑤時間までじゃんけんをしてお金をたくさんゲットする。

指導手順　はじめ

ルール説明

①1人にお金を3枚渡します。
　班長さんに適当に渡すので3枚くばって。余ったら返して。
②じゃんけんをして、勝ったら1枚もらいます。
　負けたら渡します。
　勝ったらもらう。負けたら渡す。はい。
　(勝ったらもらう。負けたら渡す)
③全部なくなったら、先生から2枚もらいます。

活動させて、細かなルールを入れる

④では、立ち歩いて、やりましょう。(やらせる)
⑤全員座りましょう。(座る)
⑥何か困ったことはありませんか？　あるなら言ってね。
　相手から逃げるのはなしですよ。
　それと、一気に2枚をかけるとかはできませんからね。
　では、がんばって。(やらせる)

枚数を確認する

⑦席に戻りましょう。
　では、1枚の人、2枚の人？　・・・10枚の人・・・
　おっ、林君は13枚ですか。では、今回のお金持ちでした。

ポイント 解説 留意点

①たまに数枚かけてする人がいる。1枚がけしかできない。
②どの学年でもまず間違いなく成功するゲームである。
③学級をよくするために、あいさつをしてからじゃんけんしなさい。握手をしてからじゃんけんをしなさいとすることもある。(主に6月以降で仲良くなっていたら)
④縦割り活動でクラス集合したときでも行える鉄板のゲーム。

お金持ちゲームの紙 印刷して、裁断機で切って使います。

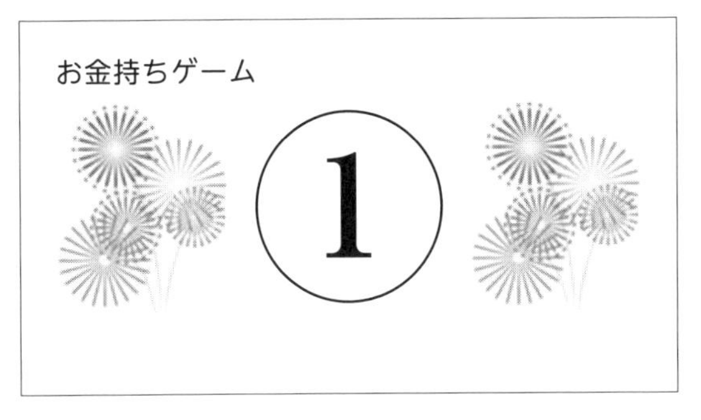

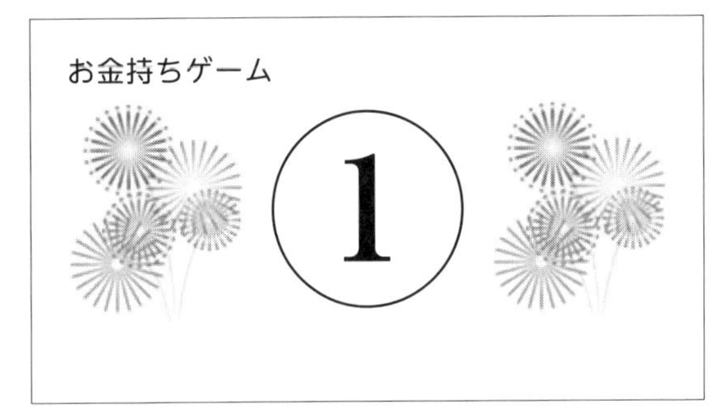

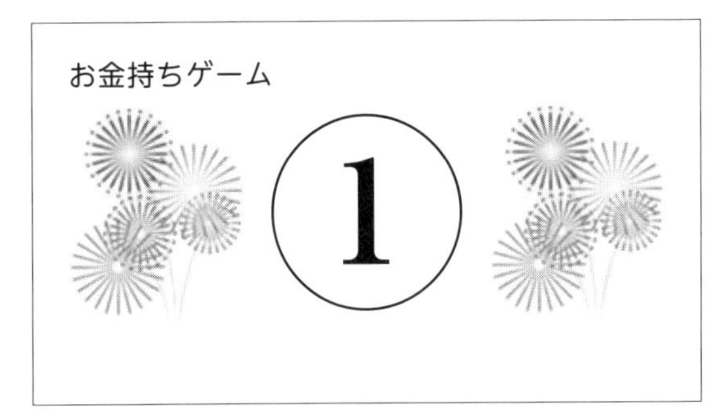

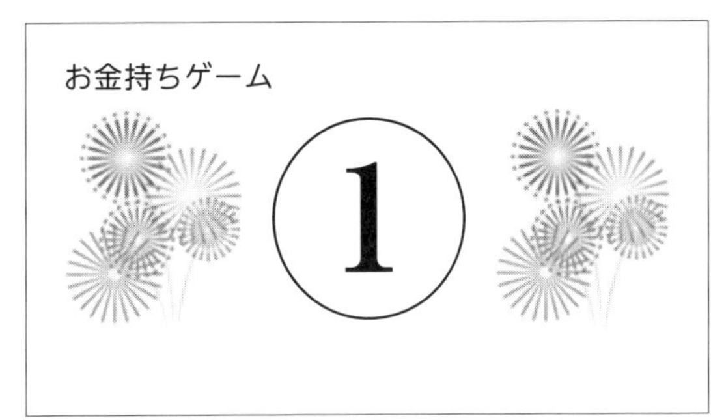

対戦型 18　準備：ハンカチ

動画でチェック⬇⬇

ハンカチとり

２人組で行う ｜ 時間：３～７分 ｜ 学年：全学年

ルール

①２人組を組む。
②片方の人がハンカチを持つ。
③片方の人がハンカチを取ろうとする。
それを持っている人がギュッとつかんで取られないようにする。握る時間は最高でも３秒まで。
④取り合いを楽しむゲーム。
⑤取るのを失敗したら交代。

指導手順　はじめ

①ハンカチとりをします。
②Ａ君きて。ハンカチを手のひらにおいて。
③先生がこのように取ります。
（パッと取る）
④取られないように、その瞬間にギュッとつかんで、取られないようにできたらあなたの勝ちです。
ゆっくりやりますよ。
（ゆっくり取って、防げるようにする）
そうそう上手。じゃあ早くやるよ。
（パッと取りあげる）
けっこう難しいでしょ。
握っていられるのは、３秒ぐらいですよ。
タイミングよく握ってね。
取るのが失敗したら、交代です。
⑤では、隣の２人組でやりましょう。
じゃんけんに負けた人がハンカチを持ちます。
（やらせる）
⑥では、立ち歩いていろんな友だちと勝負をしてきましょう。

ポイント解説 留意点

①取り方は、上からでも、下からでも構わない。
②１回取れたら１ポイントなどとして、30 秒交代としても面白い。
③ハンカチを持っていない子は、給食の下にしくナフキンでもいい。
④ハンカチを使わせてくれた人には、必ずお礼を言わせる。

対戦型 19　準備：消しゴム

プリンをうばえ

動画でチェック⬇⬇

２人組で行う ｜ 時間：３～７分 ｜ 学年：全学年

ルール

①隣と対戦。２人組対戦。
②消しゴムを机の真ん中に置く。
③教師が「やきそば」と言ったら、外側の手をあげて、「ヤー」と言う。
④「おにぎり」と言ったら、内側の手をあげ「オー」と言う。
⑤「プリン」と言ったら、消しゴムを取る。
⑥先に消しゴムを取ったら勝ちというゲーム。

指導手順　はじめ

①プリンをうばえというゲームをします。
②隣の２人と対戦ね。
③どちらか１人が消しゴムを真ん中に置いて。
④先生がプリンと言ったらその消しゴムを取っていいからね。
⑤「プール」だめだよ、取ったら。「プリン」（子どもたち取る）
⑥そうそう、プリンで取るんだね。
⑦やきそばって言ったら、ヤーって言って。やきそば（ヤー）そう、そのときに外側の手をあげてね。消しゴムから。そうそう、外側ね。やきそば（ヤー）
⑧おにぎりと言ったら、「オー」と言って、消しゴムに近い手をあげて。おにぎり（オー）そうそう。
⑨プリン。（消しゴムを取る）
⑩わかってきたね。やきそば（ヤー）おにぎり（オー）やきそば（ヤー）プリン（消しゴムを取る）
⑪意味わかってきたね。じゃあ、どんどんやるよ。

ポイント解説留意点

①先生が言ったことに対して、反応を求められるゲームなので、統率型のゲームとも言える。こういうことを繰り返すから、教師の言葉を注意深くきく習慣がつく。
②きちんと手をあげない子がいれば、きちんと手をあげている子をほめる。「手をきちんとあげないとずるくなるので、気をつけてね」と全体に言いながら。
③３人組でもできる。少し真ん中の子が有利だが。

対戦型 20　準備：消しゴム

動画でチェック⬇⬇

じゃんけん宝うばい

２人組で行う ｜ 時間：３～７分 ｜ 学年：全学年

ルール

①２人組。
②机の上に消しゴムを置く。
③じゃんけんをして、あいこの時にその消しゴムを取る。
④先に取れたら勝ちというゲーム

指導手順　はじめ

ルール説明

①じゃんけん宝うばいをします。
②隣と２人組。
③消しゴムを１つ、真ん中に置いて。
④２人でじゃんけんをします。
　あいこの時に、消しゴムをさっと取ります。
⑤意味わかる人？

やらせてみて、修正していく

⑥じゃあ、３回戦やってみて。どうぞ。
　（やらせる）
⑦かなり、いいね。
　きちんと机の真ん中に置いていますか？
　距離は公平にしようね。
　質問ある人？
　（質問に答える）

どんどんさせていく

⑧はい、ではさらに続けていきましょう。
⑨じゃあ、メンバーを変えてみましょう。
　どこかの席に座りなさい。
⑩「よろしくお願いします」と言ってからやりましょう。

ポイント解説留意点

①机の高さが違う時は、高い方に置かせる。
②３人の時は、同じ距離になる場所に座る。（図のように）
③隙間時間に行うことが多い。
④消しゴムを出すのでもめる時はじゃんけんで決める。

協力対戦型 1　準備なし

動画でチェック⬇⬇

3人組じゃんけん

3人組で行う ｜ 時間：5～10分 ｜ 学年：全学年

ルール

①3人組を組む。（余った場合は4人もOK）
②その3人で、1チーム。
③じゃんけんの手をはじめにグー出す。
次にチョキ出すと決める。
④3人1チームが同じ手でないと負け。
⑤ほかの3人組とじゃんけんをする。

指導手順　はじめ

①3人組じゃんけんをします。
②3人組を組んだら座ります。
③3人とも､グーを出して｡チョキを出して｡パーを出して｡
④はい、では、このチームとこのチーム、立って。
3人組じゃんけんをしましょう。
3人の仲間は、同じ手でないといけないからね。
⑤1番はじめ何を出す。2番目に何出すと決めていいよ。
（10秒後）
じゃあ、やるよ。
⑥最初は、グー、じゃんけんぽん。
（その3人が同じものを出しているかをみる）
⑦そうそう、同じものを出すんだよね。
⑧意味わかった人？

作戦タイムから、ゲームをさせる

⑨はい、では作戦タイムね。3つぐらい何を出すか、
決めておかないとあいこの時にすぐ出せなくて負けるよ。
20秒あげます。どうぞ。（作戦タイム）
⑩はい、では、移動をしてやっていらっしゃい。

ポイント解説留意点

①必ず、「勝手に決めてはいけないよ。
友だちの意見をきちんと聞いている人？」と確認をする。
②ゲームは友だちとの仲を良くするためにある。
このような些細な横暴をゆるさないようにし、きちんと話し合って平等に決めている子をほめる。
③3人組は仲が良くなっていれば、必ず男女を含めた3人組などの縛りを入れる。

協力対戦型 2　準備なし

動画でチェック⬇⬇

ハイカット、ローカット

全員で行う ｜ 時間：7～10分 ｜ 学年：全学年

ルール

①班対抗戦で行うとよい。
②数字を書く。1～100。
③その数字の一番少ない数、一番大きい数を書いた人を確認。
書いた人（班）がアウト。
④その他の人（班）の数字が得点となる。
⑤最後にもってる点数を合計する。最も多い人(班)が勝ち。

指導手順　はじめ

ルール説明

①ハイカット、ローカットというゲームをします。
②頭の中で数字を思い浮かべて。1～100です。
自由帳にその数字を書きましょう。隣にみせて。
③では、その数字を言ってもらいます。竹岡君。
（35です）35ね。それよりも少ない人？　はい。
（5です）5よりも少ない人？
（1です）1ね。それよりも少ない人？　いないね。
④では35より大きい人？　一番大きい？　はい、笠原君。
（90です）90ね。それより大きい人？　はい、荒木君。
（92です）92ね。それよりも大きい人はいないね。
⑤では、1の人と92の人は、立ってください。
残念ながら、その人はドボンです。
一番低い人と一番高い人は得点になりません。

ルール説明2

⑥では、2回戦。数字を書きなさい。余り、低すぎてもだめだし、高すぎてもだめなんだよ。よく考えて書いてね。
（同じように、判定をする）（2回ほど行う）
⑦合計得点を計算します。最も高い人がチャンピオンです。
⑧では、次は班で対抗でやりますよ。班でやるからには、よく相談してね。

ポイント解説留意点

①少しずつ数字の制限をあげていく。逆転のチャンスがうまれる。
②紙に書かせてから隣にみせるのがポイントである。ずる防止の手立てになる。

協力対戦型 3　準備なし

3、4文字口パクあてクイズ

動画でチェック⬇⬇

3、4人組で行う ｜ 時間：3～7分 ｜ 学年：全学年

ルール

①3、4人組。
②左から順番に1文字ずつ、口パクをする。
③3文字か4文字の物の名前を言う。
④わかった人は手をあげて答える。
（指名するのは問題を出した人）
⑤正解するまでいろいろな人をあてる。

指導手順　はじめ

①うーさーぎ、言ってみて。（うーさーぎ）
うさぎ、口パクで言ってみて。（うーさーぎー）
②林君、松下君、本吉君きて。
うーさーぎー、左から1文字ずつ言おう。
③それでは、その3人、次はこれね。
（紙に「メロン」と書いてある）
はい、林君から順番に口パクをします。
（めー、ろー、んー）
④はい、わかった人？
林君たち、あてていいよ。（メロンです）
⑤すごい、正解。3文字から4文字でやると楽しいよ。
3人組か4人組を組んで座る。
⑥問題を考えましょう。
⑦問題を出したいチーム。はい。前に出てきて。
じゃあ、どうぞ。
⑧（やってもらう）
はい、わかった人？　だれかあててね。（本吉君）
⑨（リンゴです）
⑩（正解です）おー、すごいね。ナイス！
⑪同様にやっていく。

ポイント解説留意点

①これは、3人組でやるから協力性が生まれる。もちろん、1人で3文字口パクをしても面白い。その時は、対戦型ゲームとして行うといいだろう。
②3回目までに合格しないとアウトにしても面白い。
③口は大きく開くように言う。

協力対戦型 4　準備なし

動画でチェック⬇⬇

チーム応援、勝ち抜きじゃんけん

全員で行う ｜ 時間：5～10分 ｜ 学年：全学年

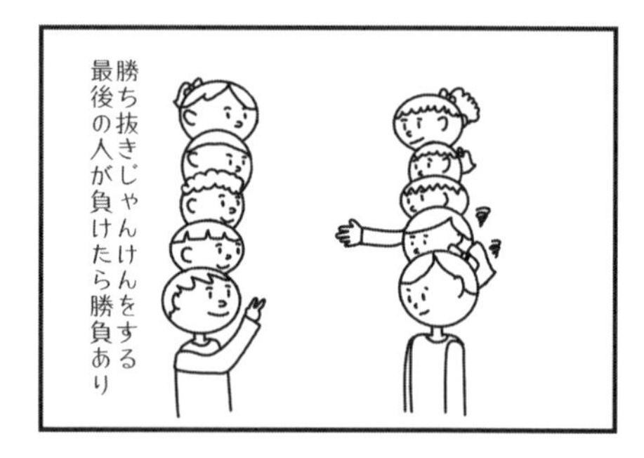

ルール

①クラス全員でする。
②２チームにわけて、それぞれ１列に並ばせる。
③勝ち抜きじゃんけんをする。
　勝ち続けるならば、同じ人がじゃんけんできる。
④必ず、並んでいるチームの人は、体のどこかの部分をさわっていないといけない。
　（握手、肩をもつ、服をつまむ、どれでもOK）
　（さわっていない場合は、相手チームが指摘してOK）

指導手順　はじめ

①チーム応援、勝ち抜きじゃんけんをします。
②男の子、来たもの順で１列並んで。
　女の子は、ここ。さあ、どちらが早いかな。
　（並ばせる）
③林君、先頭ね。美織さん先頭ね。
　じゃんけんをして。（美織さんが勝つ）
　美織さんはそのままね。林君の次の本吉君じゃんけん。
　（美織さんが勝つ）
　はい、男の子、次の人がじゃんけんをするんだよ。
　（最後までやらせる）（応援がたくさん出る）
④はい、１回戦は女の子チームの勝ち。
　２回戦するよ。次は、ルールを付け加えますよ。
　必ず、自分のチームの横の人の体をさわるか、服をさわるかして、念を送らなければいけません。
　ふれていないと負けにします。相手チームの人、よくみておいていいからね。おかしかったら「離れている」って言っていいからね。
⑤それでは、さわるか、ふれるかして。
　相手チームの人、大丈夫かな。みておいてよ。
　では、勝負、美織さんと林君から。

ポイント解説留意点

①単純なゲームだが、ものすごく盛り上がる。
②はじめは、男女でわけるが、３回戦は、１～４班と５～８班のように男女入りみだれてさせる。

協力対戦型 5　準備なし

5人組、体じゃんけん

動画でチェック⬇⬇

5人組で行う ｜ 時間：5～7分 ｜ 学年：全学年

ルール

①5人で同じ手を出すじゃんけん。チーム戦。
②パーは、全員が立つ。
③グーは、全員が座る。
④チョキは、真ん中にいる2人が立つ。他は座る。
(真ん中の子と右か左隣の1人が立てばよい)
⑤5人でいろいろと立ち歩いて、じゃんけんをする。

指導手順　はじめ

①5人組じゃんけんをします。
②5人組を組みます。組んだら座る。
③全員立って、パーです。言って。(パー)
④全員座って、グーです。グー。(グー)
⑤真ん中の人立って、その右の人も立って、
それがチョキです。チョキ。(チョキ)
⑥グー。(やらせる)パー。(やらせる)チョキ。(やらせる)
⑦手をつないでやらないといけません。
やってみて、グー。チョキ。パー。(やらせる)
⑧では、林チームと本吉チーム。前にきて。
勝負ね。まずは、相談20秒。じゃんけんの手は3つは考えた方がいいよ。(20秒作戦)
⑨ではやりましょう。最初は、グー。じゃんけん、ぽん！！
(やらせる)
⑩やり方わかった？
では、立ち歩いてやってみましょうか。まずは作戦タイム。
(手を3つほど考えさせる)
⑪いいかな。立ち歩いて、いろいろな人と勝負をしてきてね。

ポイント解説留意点

①うまく手が出なくても励ましている子をほめる。
②このゲームは体育の授業中にやってもよい。
③負けたときに責めていない人をほめる。
④練習をしたり、友だちを励ましたりしている人をみつけて、途中でほめる。そして、もう一度やらせるようにする。すると必ずそのいい行動をまねする子が出てくる。

協力対戦型 6　準備なし

動画でチェック⬇⬇

犯人をさがせ

全員で行う ｜ 時間：7～12分 ｜ 学年：全学年

ルール

①犯人３人と警察３人を決める。ほかは一般人。
②一般人と犯人は立ち歩く。
　警察は、前で立っておく。
③犯人はベロを出す。ベロをみた一般人を倒せる。
　犯人は、ほかの犯人にベロを出されても、やられない。
④警察は、よく注意してみて、犯人をさがす。
⑤２分後に、警察が犯人を言いあてる。
⑥警察が犯人を全員言いあてたら勝ちというゲーム。

指導手順　はじめ

①犯人をさがせをします。
②やりながら教えます。

先生が犯人役をする

③先生が犯人です。ベロを出してみた人は、倒れますよ。
　みんな立ち歩きましょう。
　（教師がベロを出して倒れていく）
④ストップ、その場に座りましょう。先生のベロをみないように下を向くのはダメですよ。
⑤では、席に戻って。
　（席に戻らせる）

友だちに犯人役をさせる

⑥全員伏せて。今から犯人を３人決めます。
　タッチされた人はだまっていてね。
　（３人犯人を決める）
⑦タッチしました。犯人を決めましたよ。それでは、犯人の人は一般人にベロを出して倒しましょう。それと、犯人はほかの犯人にベロを出されてもやられないですからね。
　では、どうぞ。
　（やらせる）
　（５、６人が倒れる）

警察役を決めて、やることを教える

⑧ストップ、座りましょう。
　はい、だいたいわかってきたね。

それでは、警察の人を１人決めます。久野君。
久野君は、黒板の前にきて。
⑨では、またみんな歩いてもらいます。
犯人もどんどん一般の人を倒していいからね。
警察の人がみているからね。だから、隠れて倒すんですよ。
はい、スタート。
⑩（１分後）
はい、その場に座りましょう。
警察の久野君、だれが犯人かわかりましたか？
⑪（はい、本吉さんです）
本吉さん、そうですか？
正解、後２人は？　林君と美織さんです。どうですか。
（はい、そうです）（いいえ、ちがいます）
あー惜しかったね。答えは、安江さんでした。
というように、警察が犯人をさがすゲームです。
本番。犯人３人、警察３人を決めて、やらせる。

本番

⑫では、本番やってみましょう。
席について。（全員席に戻る）
全員ふせて。今から、犯人３人、警察３人決めますからね。
タッチされてもだまっていてね。
⑬（犯人３人、警察３人を決める）
⑭はい、犯人を決めました。犯人はだまっておいてね。
警察も決めましたよ。では、警察の人、前にどうぞ。
それでは、ほかの人、全員立って。
歩きまわってください。
犯人の人もがんばってね。
（２分ほど立ち歩かせる。犯人が一般人をどんどん倒していく）
⑮はいストップ。その場で座ります。
⑯では、警察の人、３人、犯人を言ってください。チャンスは5回です。
（犯人をあてさせる）
⑰うまくあてたね。
ルール、もう完全にわかったね？　いいね。
では、もう１回やりましょう。
（もう１回やる）

①このゲームは教えるのが難しい。ゆえに、３段階ぐらいにわけて教える。
②犯人３人、警察３人を決めるのは教師がやったが、お楽しみ会でやらせるときなどは、あてるのも子どもに任せるといい。
③このゲームは、子どもがやっているのをみて、教えてもらった。子どもから学ぶことは多い。
④必ず、下を向いたり、みても倒れない子がいたりするので、２回戦や３回戦に入る前に、確認をする。犯人をやった人に聞きます。きちんと一般の人は倒れてくれましたか？　と。そうやって、ルールをきちんと守らせていく。
⑤犯人と警察は必ず、男女まぜてあてるようにしている。
⑥また、おとなしい子に犯人や警察をさせると活躍の場が与えられて面白い。

協力対戦型 7　準備なし

動画でチェック⬇⬇

ウル・トラ・マンゲーム

5、6人組で行う ｜ 時間：5～10分 ｜ 学年：全学年

ルール

①5、6人組で円になる。
②はじめの人がだれかを指さして「ウル」と言う。
　指さされた人は、「トラ」と言って違う人を指さす。
　指さされた人は、「マン」と言って、違う人を指さす。
③指さされた人の両隣の人は「シュワッチ」と言って、
　ポーズをとる。
④指さされた人は、さらに「ウル」と言って、また他の
　人を指さす。
⑤これを高速でどんどん回していくゲーム。

指導手順　はじめ

基本の形を教える

①ウル・トラ・マンゲームをします。
　ウル、言ってみて。（ウル）
　トラ（トラ）
　マン（マン）
　シュワッチ（シュワッチ！）（動きを入れて）
　（２回繰り返す）

全体の場でウル、トラ、マンの流し方を教える

②ウル（林君を指さす）
　林君「トラ」と言って、だれか指さして。（トラ）
　（本吉君を指さす）
　本吉君「マン」と言って、だれかを指さして。（マン）
　（若井君を指さす）
　若井君は「シュワッチ」と言って、ポーズして。
　（シュワッチ）
　若井君だれかを指さして、「トラ」って言って。（トラ）
　（続いてやらせる）
　（子どもたちは全員座席に座ってやっている状態）
　そうそう、みんな上手。

班でやらせる

③やり方、なんとなくわかった人。
　はい、では、６人組を組みなさい。最後は５人でもい
　いよ。組んだら座る。（組んで座らせる）

④この班、見本ね。やってみて。
（きちんとルール通り、できているかをみる）
⑤ＯＫ。では、みんなもやってみよう。
（やらせる）

マンであてられた人と、両隣の人もシュワッチをする

⑥はい、ではストップ。ルールを追加しますよ。
シュワッチを言う人は、両隣の人も言うようにします。
ここの班、見本でやってね。
（やらせる。指さされた人、その両隣の人も「シュワッチ」を言っているかをみる）
⑦では、やってみましょう。
（やらせる）

マンであてられた人はシュワッチをしない。そして、両隣の人だけがシュワッチをする

⑧はい、ストップ。だんだんわかってきたね。
じゃあ、これで最後。
シュワッチを言うのは、指さされた人は言わなくて、両隣の人だけが言うことにします。
この班、やってみて。
（やらせる）（間違っていたら教える）
⑨これが本番ルールです。間違いやすいよ。
でも、面白いよ。
やってみましょう。
（やらせる）

間違えた人は１回お休みを教える

⑩上手ですね。だいぶ、わかってきたね。
今、失敗する人いましたよね。そんなん、当たり前だからね。
それでね、間違えた人は、１回お休みね。座っておきます。
そして、次の人が間違えたら復活できるからね。
見本でこの班やってみて。
（やらせる。間違えた子は座る）
意味わかったね。では、やっていきましょう。
（やらせる）

ポイント解説留意点

①このゲームは非常に教えにくい。なので、細分化をして教えるのがいい。
②４年生以上から完全ルールを教えられるが低学年はしなくてもいい。
１年生は、あてられた人が言うだけ、２、３年生は、あてられた人と両脇の人が言うの段階でいい。十分に楽しめる。
③きちんと腕をのばして、人を指さすようにする。
④横の人との間隔が密着しすぎていたら、自分にあてられたかわからなくなる時があるので、間隔を空けるように言う。
⑤反応力を鍛えられるいいゲームである。
⑥班でやらせていると、うまい子が出てくる。そのうまい子を集めてみんなの前でやらせる。すると、超高速の戦いが起こる。みている方もドキドキ、わくわくして面白い。また、いい見本になる。
⑦失敗しても全然いいからねとフォローをたくさん行う。間違うのが楽しいゲームなのだ。

協力対戦型 8　準備なし

動画でチェック⬇⬇

みんなでしりとり「～につなげ」

全員で行う ｜ 時間：5～7分 ｜ 学年：全学年

ルール

①クラスを2チームにわける。
②しりとりを一定のリズムでする。
　例・リンゴ、リンゴ、リンゴにつなげ。
　↓（リンゴと聞いた瞬間に相手チームは言う事考える）
　ゴリラ、ゴリラ、ゴリラにつなげ
③仲間の声がそろっていないとアウト。
④仲間の言っていることが違うとアウト。

指導手順　はじめ

①しりとりゲームをします。
　リンゴ､リンゴ､リンゴにつなげ！言ってみて（言わせる）
②ゴにつながるものは？（ゴリラね。いいね）
　ゴリラ、ゴリラ、ゴリラにつなげ！（言わせる）
③先生と対決ね。やってみたい人？　はい、野崎君。
　リンゴ、リンゴ、リンゴにつなげ。
　（ゴリラ、ゴリラ、ゴリラにつなげ）
　ラクダ､ラクダ､ラクダにつなげ。とやっていくんです。
　このタイミングで言えないと負けですよ。
　はい、隣の人とやってごらん。はじめはリンゴから。
④（やらせる）
⑤ではいよいよ本番。1～4班Aチーム。教室の後ろに。
　5～8班Bチーム。教室の前に集まります。
⑥Aチーム、ラクダからね。Bチームは相手がラクダを
　3回言っている間に考えてね。
　同じの言わないといけないよ。ではAチームからどうぞ。
　（ラクダ、ラクダ、ラクダにつなげ）
　（ダチョウ、ダチョウ、ダチョウにつなげ）
　（ウミガメ、ウミガメ、ウミガメにつなげ！）
⑦（声がそろっていなかったり、違うものを言っていたりすれば、アウトとする）（何回かやっていると、元気な子供が「〇〇」って言おうと言い出す）

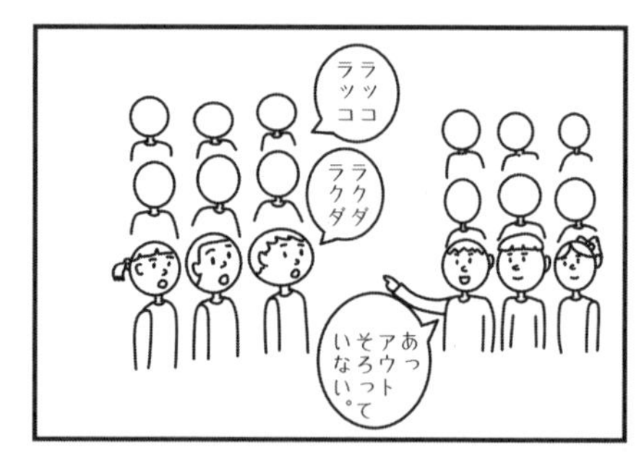

ポイント解説留意点

①初期は文字数にこだわらない。いずれ、5文字以内にする。
②クラスの声がどんどん大きくなる。声出しゲームでもある。

協力対戦型 9　準備：いすか新聞

動画でチェック⬇⬇

いす乗りじゃんけん

全員で行う ｜ 時間：7～15分 ｜ 2年生以上

ルール

①班で行う。
②班の人数分いすをあつめる。６人ならば６脚。
③その上に、全員で乗る。（うわぐつはぬぐ）
④先生とじゃんけん。全員が同じ手でないとだめ。
⑤勝ったら、そのまま。負けたらいすを１つのける。
⑥じゃんけんをつづける。
⑦いすの上に乗っていられたチームが勝ち。

指導手順　はじめ

①いす乗りじゃんけんをします。
②いすを横に出して、机を後ろにさげましょう。
（さげさせる）
③いすは、自分のかどうかわかりますか。片づけるときにもし、わからないようでしたら、チョークでいすの裏に名前を書いておきなさい。（座るところの裏でもいい）
④いすを班の中心にかためましょう。こんな感じでやります。（１つの班をやってあげる）
⑤全員その上に立ちましょう。上靴をぬいで。
⑥先生とじゃんけんをします。
ただし、班でじゃんけんなので、班の人が全員グー、全員パーなどでなかったら負けです
さて、何を出しますか。作戦タイム。
⑦（作戦を立てさせる）
⑧最初は、グー、じゃんけん、ぽん。
⑨はい、勝った人？　OK、そのままです。
⑩あいこと負けた人は、いすを１つどけます。
さあ、まだ全員乗れますよね。
最後まで班の人が乗っていれば勝ちというゲームです。

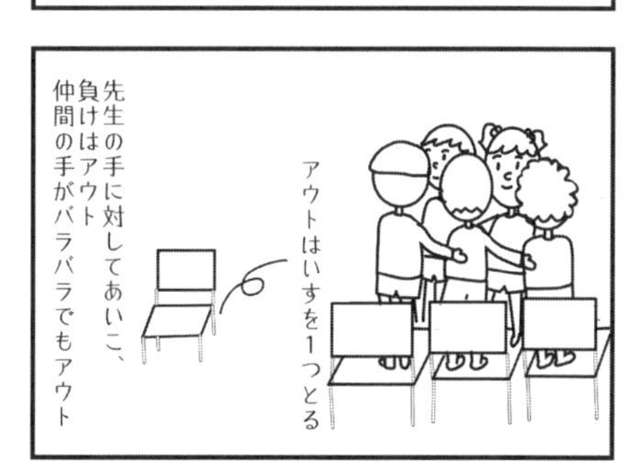

ポイント解説留意点

①がんばりすぎて、落ちたときに足を痛める子がたまに出るので、無理しすぎないように言う。
②いすをのけるときは、よく離しておく。
③窓際で、いすの島を作らない。十分に離す。
④新聞紙を使って、負けたら折っていくようにしてもいい（安全）。

協力対戦型 10　準備：黒板、チョーク

動画でチェック⬇⬇

違うが勝ち

全員で行う ｜ 時間：7～15分 ｜ 学年：全学年

ルール

①班で１つのチーム。
②あるお題について思うことを書く。
　例．犬の種類
③班で相談をする。
④班の代表が１人、黒板前にくる。
⑤「いっせーの一で」で、その名前を黒板に書く。
⑥かぶらなければ、得点となる。
⑦それを３回以上繰り返す。一番得点が高いチームが勝ち。

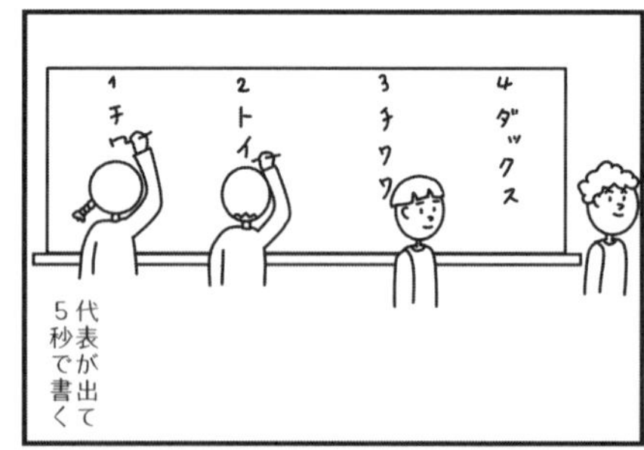

指導手順　はじめ

①違うが勝ちというゲームをします。
②ルールをやりながら、説明します。
　班で1～10のうちのどれかを決めて。10秒で。
③では、班長さん前にきて。
④1班はここ、2班はここ、・・・6班ここね。
　いっせーの一でで、書いてね。
⑤いっせーの一で。（5秒以内に書く）
⑥はい、全員座って。
⑦結果発表。
　1班「1」　2班「5」　3班「5」　4班「6」
　5班「3」　6班「6」
　違うが勝ちなので、重ならなかった、1班の「1」と5班の「3」が得点です。1ポイント。
⑧違うのを選ぶといいゲームです。意味わかってきた？
⑨では、次。運動場にある遊具。
　はい、班で相談して。小さい声でないとばれるよ。
⑩はい、では、副班長きなさい。
⑪「いっせーの一で」で書くよ。5秒以内ね。いっせーの一で。

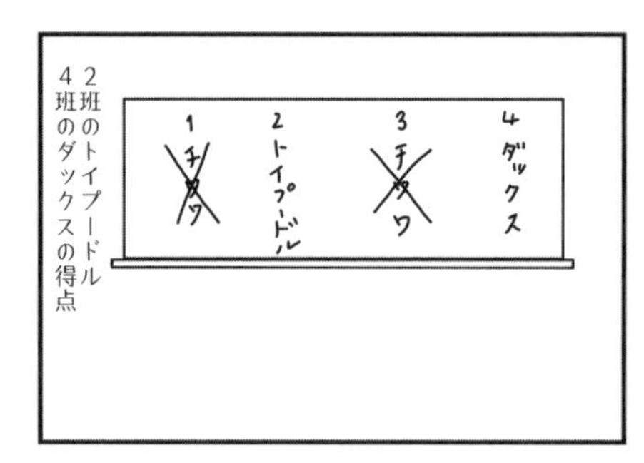

ポイント解説留意点

①きちんと相談をしているかをみる。いつも同じ人が決めないように呼びかける。
②話をしていない人がいないかをみる。いたら、指導する。
③「この学校の男の先生」「漫画の主人公」「女性の先生」「〇〇でつよいキャラクター」など。

協力型１　準備なし

動画でチェック⬇⬇

拍手ゲーム

全員で行う ｜ 時間：３～７分 ｜ 学年：全学年

ルール

①「はい」と言ったら、手を１回たたく。
②さらに、「はい」と言ったら、手を２回たたく。どんどん、手をたたく回数を増やす。
③音がずれたらアウト。
④手をたたく音がずれるまで、続けるゲーム。回数が多いほどいい。

指導手順　はじめ

①拍手ゲームをします。
②はいと言ったら、拍手を１回します。
　はい。（手を１回たたく）
③次は、２回たたくよ。
　はい。（手を２回たたく）
④３回ね。はい。（手を３回たたく）
⑤４回。はい。（手を４回たたく）
⑥このように、たたく数を増やしていくんだよ。
　はい。（５回たたく）
⑦（何回かやっていて、ずれたら）
　あっ、今、そろいませんでしたね。
　では、はじめからやっていきましょう。１回目から。
　（やっていく）
⑧と、このようにして、最高何回までいくかを競うゲームね。
　みんなで力を合わせて集中してね。
　10回言ったらけっこうすごいからね。
⑨まずは、班で練習してみましょう。
　（やらせる）
⑩うまくなったかな。では、全員でやってみましょう。
　（全員でする）

ポイント 解説 留意点

①やりすぎると手がかゆくなっていくので、５分ぐらいが限度。
②子どもをつかむのにいいゲーム。４月ごろに有効。
③失敗してもいい笑いが起こったら、ほめる。また、失敗をしたときにその子を責めなくてもほめる。
④協力ゲームでは最も使いやすいゲーム。導入に使うといい。

協力型２　準備なし

動画でチェック⬇⬇

テレパシーゲーム

２人組で行う ｜ 時間：５～７分 ｜ 学年：全学年

ルール

①２人組
②「テ、テ、テレパシー」と言って、指を出す。
１、２、３、４、５を出す。
③相手と同じものが出れば、ハイタッチして喜ぶ。
④重ならなければ、再度行う。
⑤立ち歩いて、いろいろな友だちと行う。

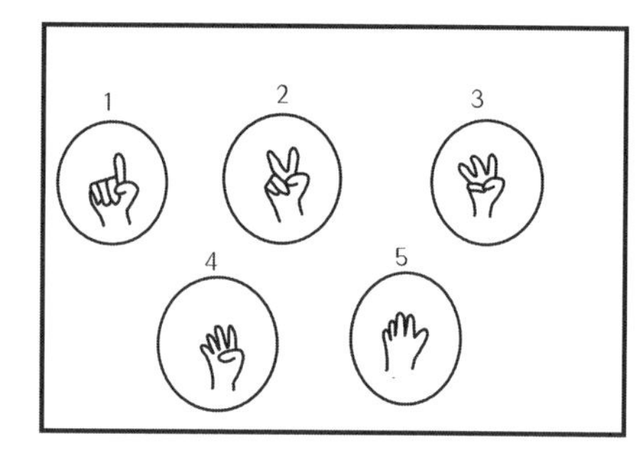

指導手順　はじめ

①テ、テ、テレパシー。言ってみて。
（テ、テ、テレパシー）
②指を出して、1、2、3、4、5。
（まねさせる）
テ、テ、テレパシーの時に、どれかを出しましょう。
③テ、テ、テレパシー。（３を出す）
同じ人がいいというゲームね。
④全員立って。
テ、テ、テレパシー。（５を出す）
同じ人、座ります。
（最後５、６人残るぐらいまでする）
やり方わかったね。
⑤これを隣とやるというゲーム。
向き合って。やってみて、成功したらハイタッチで喜ぶよ。
じゃあ、どうぞ。
（やらせる）
⑥３回成功したら、座ります。どうぞ。
（やらせる）
⑦では、立ち歩いてやりましょう。先生がいいと言うまでやってみて。何回成功したか数えておいてね。

ポイント解説留意点

①見本のときにする先生と全体でのテレパシーゲームは、最後までしない。残った子がかわいそう。
②ハイタッチの勢いがいい子をほめる。クラスが盛り上がる。
③２人組で普段していない子としているか、人を選ばずにやっている子がいたらほめる。

協力型３　準備なし

動画でチェック⬇⬇

好きですか、嫌いですか

全員で行う｜時間：５～12分｜学年：全学年

ルール

①いすに座る人１人、黒板に名前を書く人１人を決める。
②いすに座る人は、後ろを見ることはできない。
③黒板に名前を書く人はマイナス言葉でなければ、基本、何を書いてもいい。
④名前を書かれたら、周りの人が質問をする。
⑤質問をする人は、いすに座っている人が決める。（できたら、男女交代であてるようにする）
⑥ 10問ぐらい答えたら全員で「好きですか、嫌いですか」と聞く。
⑦好きか嫌いかを答える。
⑧最後に、それは何かをあてられそうなら答える。

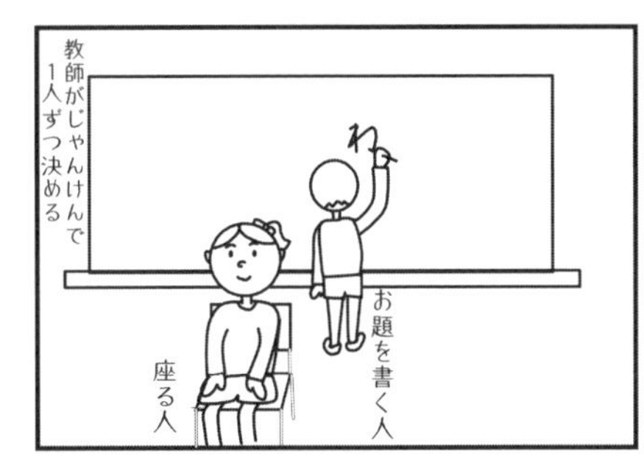

指導手順　はじめ

やりながらルール説明

①好きですか、嫌いですかゲームをします。
②林君きて。
③林君はこのいすに座ってね。後ろを見てはいけません。
④先生が黒板にある名前を書きます。みんなは黙っていて。
（例．うさぎ、ゴーヤ、飛行機などの１つを書く）
（ここでは、飛行機とする）

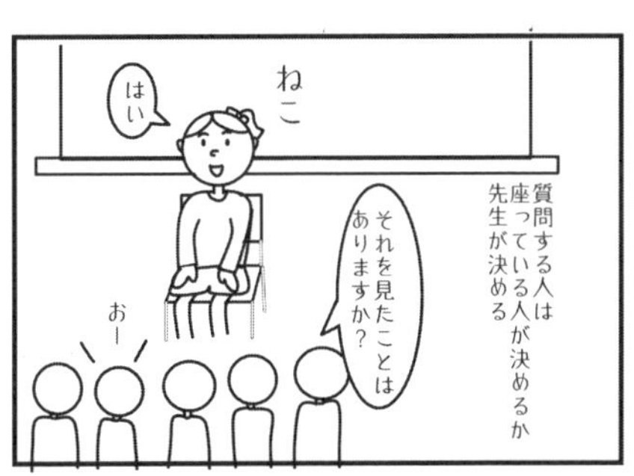

「はい」か「いいえ」で答えられる質問をすることを教える

⑤では、みなさんがそれについて、はいかいいえで答えられる質問をしますよ。
例えば、「それは、食べられますか？」とかです。
林君、それは食べられますか？
（はい）
（「えー」という声）
⑥「えー」ってなりますね。でも、それが楽しいですね。
⑦質問をしたい人？　はい、河野君。
⑧それはにおいますか？
（いいえ）
⑨おーっですね。次？　はい、橋詰君。
（それは、どこにありますか？）
あ、それとですね。はいかいいえで答えられるものでないといけません。

なので、「みたことがありますか？」とかにしてください。
（みたことがありますか？）
（はい）
（「オー」という声）
⑩（それは、空を飛びますか）
（いいえ）
（「えー！！」という声）
⑪（それは、大きいですか）
（いいえ）
（「えー！！」という声）
⑫（さらに3問ぐらいやったとする）

好きですか、嫌いですかを聞く

⑬それでは、最後に、「みんなで好きですか、嫌いですか？」と聞きましょう。さん、はい。
（好きですか、嫌いですか？）
⑭林君、どうぞ。
（好きです）

何が書かれていたかを予想して答える

⑮おー。そうですか。
ところでそれは何かわかりました？　言える？
（多分、ヘリコプターだと思います）
あー、いいね。答えを振り向いてみてください。
（飛行機かー）
いいですよ。しかし、かなり近かったね。すばらしい。
⑯と、こういうゲームです。わかった人？
では、本番をやっていきましょう。

本番

⑰答える人、やりたい人？
じゃんけんで決めます。
（先生と王様じゃんけんで決める）
（決まったら、前のいすに座らせる）
⑱書く人をやりたい人？
（じゃんけんで決める）
⑲では、書く人、お願いします。
（本番をする）

ポイント 解説 留意点

①このゲームは子どもたちがとても好きなゲームである。休み時間に少人数で勝手にするぐらいである。
②慣れてきたら、司会を子どもに任せるようにする。
③同じ人を連続であてさせないようにする。
④男の子、女の子の順番であてるように言う。前の席に座る子も同様である。
⑤汚いものを書くのはなしとする。
⑥ヘビ、鬼、お金、トイレなどが子どもは盛り上がる。

協力型 4　準備なし

ミラーゲーム

動画でチェック↓↓

2人組でも全員でも行える ｜ 時間：3～7分 ｜ 学年：全学年

ルール

①じゃんけんをする。
② 20 ～ 30 秒ほど、勝った人の動きをまねをする。
③交代して負けた人の動きを 30 秒ほどまねをする。
④まねをしないのはアウト。

指導手順　はじめ

①ミラーゲームをします。
②先生のまねをします。
（いろいろな動きをする）
相手の動きをまねをするゲームです。
③ 2 人組を組んで座る。
④じゃんけんをして。
勝った人？
勝った人の動きを 20 秒間、まねします。
⑤（動かせる）
⑥では、交代、負けた人が激しい動きでやりかえしなさい。
⑦違う 2 人組を組みましょう。
じゃんけんどうぞ。
勝った人？　では、20 秒間どうぞ。
（動かせる）
⑧では、人を交代しましょう。
（やらせる）
⑨席に戻って。
今度は、班でやります。じゃんけんで勝った人の動きをまねしますよ。どうぞ、やっていきましょう。
（やらせる）

ポイント解説留意点

①クラス全体でも行うことができる。「やりたい人？」と募集をかけてじゃんけんで決める。クラス全体でやるとかなり盛り上がる。
②音楽をかけておくと、さらに音楽に乗った動きをすることがあり、楽しくなる。
③ミラーゲームで自己解放ができるように少しずつ働きかけていく。

協力型 5　準備なし

動画でチェック⬇⬇

握手ゲーム

2人組で行う ｜ 時間：3～7分 ｜ 学年：全学年

ルール

①２人組で握手をする。
②「せーの！」でシェイクハンドを１回か２回か３回かする。
③２人ともの回数があったら、ハイタッチをして喜ぶ。
④成功したら、次の人とする。

指導手順　はじめ

①1、2、3言ってみて。(1、2、3)
手をふりながら。1、2、3。はい。
(手をふりながら、1、2、3)
1、2、はい。(手をふりながら1、2)
1、はい。(手をふりながら1)
1、2、3。(手をふりながら、1、2、3)
②林君きて。
先生と握手するよ。せーの、1、2、3はい。
(1、2、3シェイクハンドしながら)
そう、あったね。
じゃあ、次は、1か1、2か、1、2、3かは自分で選んでね。せーのでいくよ。
せーの。(シェイクハンドをする)
(うまくあえば、ハイタッチ。うまくあわなければ「おしいね」と言う)
③やり方わかったね。隣とやりましょう。3回したら座りなさい。
④成功した人？　おお、いいね。成功しなかった人？
そんなこともあるよ。
⑤では、立ち歩いていろいろな人としていきなさい。
3回成功したら席に戻ります。

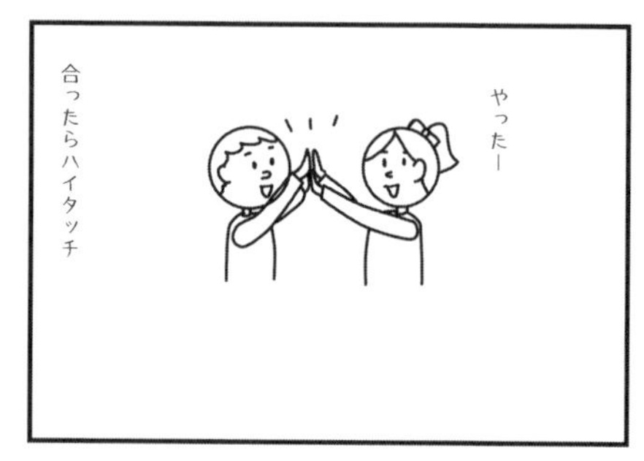

ポイント解説留意点

①ハイタッチは入れない、成功しなくても次の人にいくなどは、変えてもいい。
②子どもの仲の良さがよいほど、上記のルールのままの方がいい。
③仲良くなってきていたら、「必ず女の子、男の子と行います。3人したら座りましょう」などを入れる。

協力型 6　準備なし

動画でチェック⬇⬇

声あてゲーム

全員で行う ｜ 時間：5～10分 ｜ 学年：全学年

ルール

①3～5人組を組ませる。
②1人に1文字を言わせる。
　それぞれが違う言葉を言う。
③同時にその1文字を言う。
④聞いている人は、何の名前を言っているかを予想して
　答える。

指導手順　はじめ

①林君、本吉君きて。林君、「ア！」と思い切り言ってね。
　本吉君、「イ！」と思い切り言ってね。
　せーので同時に言うんだよ。せーの！
　(担任が「ス！」と言う。林君は「ア」本吉君は「イ」)
②今3文字の言葉を先生たちは言いました。
　何と言ったでしょうか？　わかる人？
　はい、前君。(アイスです)
　そう、アイスね。正解。
③林君、「モ！」と大きな声で言ってね。
　本吉君は「レ！」ね。せーの！（担任は「ン」と言う)
　さあ、なんでしょう。はい。小林君。
　(レモンです)
④ピンポン。じゃあ、今度は、難しいよ。中桐君おいで。
　(林君に「メ」本吉君に「ダ」中桐君に「カ」と小声で
　伝える)
　いっせーのーで。(言わせる)
　わかった？　今度はヒントがないからね。
　もう1回言うよ、せーの。(言わせる)
⑤わかった人？　はい、本吉君たちがあてていいよ。
　(中澤さん)
　(メダカです)
⑥すごい。メダカです。やり方わかったね。じゃあ、次は
　班のみんなで考えてみてね。それからやってみよう。

①難しい時は、その1文字を「みーー」のように伸ばさせる。
②班対抗でさせても面白い。

協力型 7　準備なし

動画でチェック⬇⬇

言うこと一緒、やること一緒

何人でも ｜ 時間：5～10分 ｜ 学年：全学年

ルール

①教師の指示にしたがって言って、動く。
②言うこと一緒、やること一緒。
　T　前
　C　「前」と言って、前に一歩進む。
③言うこと一緒、やること逆。
　T　前
　C　「前」と言って、後ろに一歩進む。
④言うこと逆、やること一緒。
　T　前
　C　「後ろ」と言って、前に一歩進む。
　(これが最も難しい)
⑤4、5人組で円を作ってから行う。
　※運動場、講堂が望ましいが、教室でも少しならばできる。

指導手順　はじめ

1人でやらせる

①言うこと一緒、やること一緒。言ってみて。はい。
　(言うこと一緒、やること一緒)
②前。(前)
　一歩、ジャンプして前に進んで。(ジャンプして前に進む)
③後ろ。(後ろ)
　(後ろにジャンプする)
④右。(右)
　(右にジャンプする)
⑤上手ですね。レベルあげるよ。

4、5人でやらせる

⑥班で円になります。
　手をつないで。
　その状態でするよ。
⑦言うこと一緒、やること一緒。
　(言うこと一緒、やること一緒)
　右。(右)

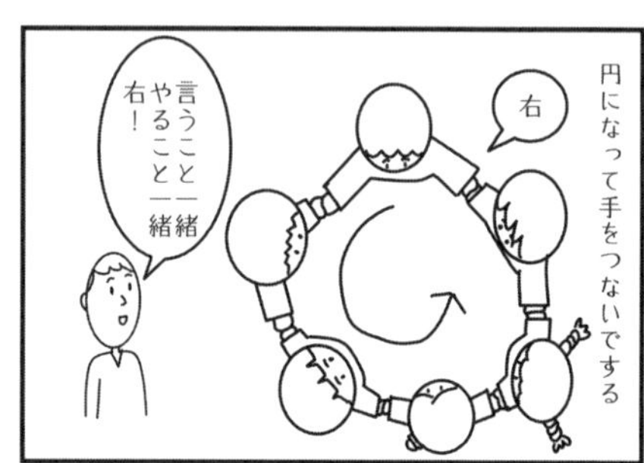

（右にジャンプをする）
左。（左）
（左にジャンプする）
（数回練習をする）

レベル２「言うこと一緒、やること逆」

⑧うまいうまい、難しくするよ。
言うこと一緒、やること逆。
前。（前）
そして、後ろに一歩ジャンプだよ。言うこと一緒、やること逆だから。
（後ろに一歩ジャンプ）
そうそう。左。（左）
（右にジャンプ）
後ろ。（後ろ）
（前にジャンプ）
（数回練習をする）
※ここらあたりで失敗が出てきて、楽しい雰囲気になる。

レベル３「言うこと逆、やること一緒」

⑨さらにレベルアップするよ。
言うこと逆、やること一緒。
（言うこと逆、やること一緒）
前！　後ろって言うんだよ。（後ろ）
そして、前に一歩進んで。（前に進む）
これ難しいでしょ。もう１回やるよ。
言うこと逆、やること一緒。
（言うこと逆、やること一緒）
前！（後ろ）
そして、前に一歩進んで。（前に進む）
いいね。がんばっている。失敗してもいいよ。
⑩右。（左）
（右に進む）
⑪左。（右）
（左に進む）
※紙面ではわからないが、これが難しい。
「左」と口で言って、右にはなかなか動けない。
１回ぐらいはいけるが、これが早く２、３回目はまず間違う。
だから面白い。
（何回も練習をする）

①このゲームは間違えるのが楽しい。間違える子に優しい言葉を言っている子をほめる。
②ゲームを通して、優しさ、チームワークを教える。
ゲームは、仲を良くするため、チームワークを高めるためにある。ぜひとも、チームワークがいいチーム、優しい声掛けをしているチームをとりあげてほめて広めてほしい。
③１人から４、５人で円でさせる前に、２人組で教える方法もある。教室で初めて教えるときは、円の形にできないのでそうする。４、５人で横一列でさせるのも面白い。
④レベル３は難しいので、ゆっくりと時間をかけてレベル２を教えるのがいい。

協力型 8　準備なし

動画でチェック⬇⬇

ぎょうざじゃんけん

5人ぐらいで行う ｜ 時間：5～10分 ｜ 学年：全学年

ルール

①3～5人組。
②グーは、肉。チョキは、ニラ。パーは、皮。
③「ぎょうざじゃんけん、じゃんけんぽん」でグー、チョキ、パーの全部あれば、「ぎょうざ完成！！！」と大きな声で喜ぶ。
④グーの肉がなければ、「肉がなーい！」と言う。
⑤チョキがなければ、「ニラがなーい！」と言う。
⑥パーがなければ、「皮がなーい！」と言う。
⑦成功するまでやるというゲーム。

指導手順　はじめ

①ぎょうざじゃんけんします。
②グーは肉。チョキはニラ。パーは皮。
③グーは？（肉）チョキは？（ニラ）パーは？（皮）
（3、4回練習）
④ぎょうざじゃんけん、じゃんけんぽん。
（グー、チョキ、パー、全部あれば、ぎょうざ完成）
全部あるね。ぎょうざ完成！！！
言ってみて。（ぎょうざ完成）
⑤グーがなければ、肉がないので「肉がなーい！」言って。
（肉がなーい）
チョキがなければ、ニラがなーい！　言ってみて。
（ニラがなーい）
⑥パーがなければ「皮がなーい！」言って。（皮がなーい）
（何回か練習させる）
⑦5人組でやるよ。見本でここのチームやってみて。
（やらせる）
⑧みんなでやってみよう。2分間でいくつ完成するかな。
（やらせる）
⑨1つ完成した人。よかったね。2つ、、、よかったね。

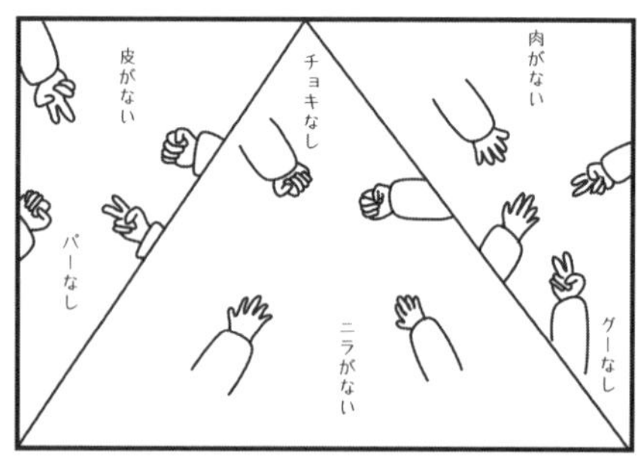

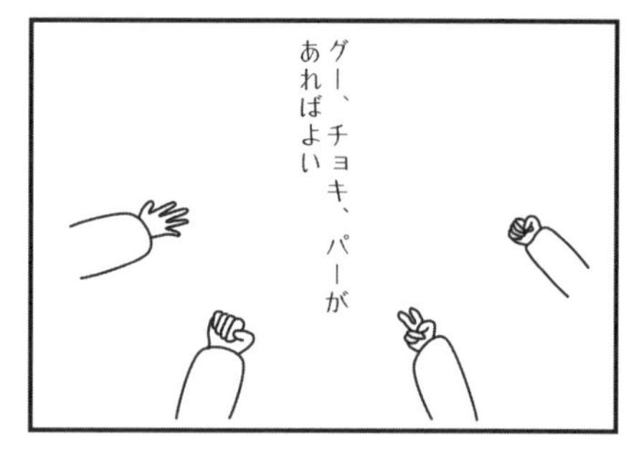

ポイント 解説 留意点

①はじめは、6人組など、多い人数でやった方が、完成しやすいのでいい。いずれ、3人ぐらいにするといい。
②ちゃんと手をあげてダイナミックにやっている子をほめる。

協力型 9　準備なし

たけのこにょっき

動画でチェック⬇⬇

全員で行う ｜ 時間：3～7分 ｜ 学年：全学年

ルール

①「たけのこたけのこ、にょっきっき」と言う。
②言った後に、1にょっき、2にょっきと言いながら、一人一人が立つ。手はたけのこの形をする。
③同時に立たないように、1人ずつが言う。同時に立ったらアウトで終わり。
④ 30人なら、「50秒で全員が言い終わらないとアウト」などの時間制限を入れる。

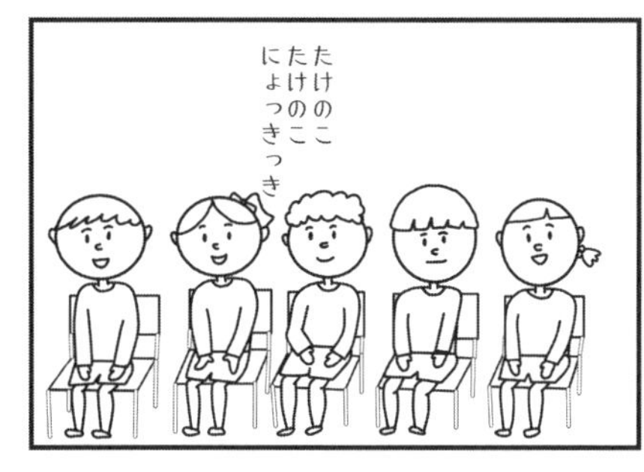

指導手順　はじめ

①たけのこにょっきというゲームをします。
②たけのこたけのこ にょっきっき。言ってみて。
（たけのこたけのこ にょっきっき）
③1にょっき。（先生がする）
だれか、「2にょっき」と言って、先生と同じまねをして。
（2にょっき）
④次は、3にょっき。だれか。（3にょっき）
⑤次。（4にょっき）（5にょっき）
⑥そうそう、そうやって、続けていくんだ。
で、重なった場合は負けだからね。
さて、何秒で全員が終わるかな、やってみようね。
⑦たけのこたけのこ、さんはい。
（たけのこたけのこ にょっきっき）
⑧（やらせる）
（重なったらアウト、はじめからさせる）
⑨よくがんばったね。2分ぐらいでできちゃった。
すごいね。じゃあもっと短くできるかなあ。やってみよう。
さん、はい。
（たけのこにょっきの続きをする）

ポイント解説留意点

①低学年ほど譲れない子が多い。そういう場合は、班で練習をさせるといい。
それもできるようになったら2班合体でやるとよい練習になる。
②指名なし発表、音読のいい練習になる。
③一度言った人は、手は降ろして立たせたままにする。

協力型 10　準備なし

動画でチェック⬇⬇

セブン、イレブンゲーム

２人組で行う ｜ 時間：３～７分 ｜ 学年：全学年

ルール

（「算数じゃんけん」をすでに教えている状態で行う）
①算数じゃんけん、両手たし算バージョンをする。
②２人合わせて、７か 11 が出たらＯＫ。
③出たら「セブン、イレブン、いい気分♪」と言ってハイタッチをする。
④いろいろな人と行う。

指導手順　はじめ

①セブン、イレブンゲームをします。
②まず、両手算数じゃんけんをしますよ。
３人としたら座りなさい。（両手算数じゃんけんをさせる）
戻ります。
③で、７か 11 が出たらＯＫです。セブンとイレブンだから。
④なかなか出ないけど、がんばってね。
⑤隣と２人でやります。できたら座りなさい。全員起立。（やらせる）
⑥はい。前をみて。
今、何人か座ったので次を教えるよ。
「セブン、イレブン、いい気分」言ってみて。
（セブン、イレブン、いい気分）
上手。7か 11が出たらそう言って、ハイタッチをします。
⑦そういうゲームね。
では、立ち歩いて、何人とセブン、イレブンができるかな。
やってみましょう。（やらせる）
⑧その場に座りましょう。
何回かできたかな？　あのね。これは協力して7か 11 になるようにするんだよ。だから、両手じゃんけんのときに、９とかの大きい数字を出してもなかなかならないからね。その辺りを考えてやろうね。
⑨じゃあ、続きをどうぞ。

ポイント
解説
留意点

①両手ジャンケンで４～６を出すのがいい、７と 11 になりやすい。
②ちゃんと、歌っているかをきちんとみる。

協力型 11　準備なし

無の世界

動画でチェック⬇⬇

全員で行う ｜ 時間：3～7分 ｜ 学年：全学年

ルール

①音をたてないようにする。
②音がない状態をタイマーで測る。
③音がたったら終わり、記録を発表する。
④音をたてなかったら、寝ていても、踊ってもいい。

指導手順　はじめ

①無の世界というゲームをします。
②簡単です。ただ、だまるだけです。
　物音をたててはいけません。
③とにかく、やってみましょう。
　5秒前、4、3、2、1。スタート（タイマーをつける）
④（静かになる）
⑤（少しでも物音が聞こえたり、笑い声などが聞こえたりしたらアウト）
　はい、アウトー。
　1回目は、5秒でした。
⑥では、2回戦。
　5、4、3、2、1。ピッ。（タイマーをつける）
⑦（静かになる）
⑧（音が聞こえたら）はい、アウトー。
　でも、さっきよりも時間伸びたね。すごい。
⑨では、3回戦。
　3、2、1。ピッ。（タイマーをつける）
　（教師が変な顔をしたり、踊ったりする。音をたてずに）
　（音がたつ）あー、残念、先生に惑わされたらだめですよ。
⑩じゃあ、最後です。よーい。スタート。
　（音が出るまで続ける）

ポイント
解説
留意点

①最高でも2分ぐらいまでとする。
②音楽の時間に耳を休めるために入れる活動の1つだが、なぜか子どもたちはこれをとっても楽しむ。
③子どもがへんな動きをしていても全然いい。気にしない。それを楽しむ。
④先生もどんどん、ふざけるといい。面白い。

協力型 12　準備なし

王様はだれだ

全員で行う ｜ 時間：7～12分 ｜ 学年：全学年

ルール

①王様を探す人を決める。（王様じゃんけんで）
②王様を探す人に廊下に出てもらう。
③王様を決める。（王様じゃんけんで）
④王様と普通の人は円になる。
⑤探す人をよぶ。円の中心に入れる。
⑥王様がした動きをほかの人はみて、まねをする。
王様は、探す人がみていないときに、動きをかえてよい。
⑦探す人が王様をみつけるまでが１ゲーム。

指導手順　はじめ

基本のルール　王様のすることを教える

①王様はだれだをします。
②全員円になりなさい。
（円になる）
③先生のまねをしなさい。手をたたく。
（みんなが手をたたき始める）
④ジャンプする。
（みんながジャンプし始める）
⑤敬礼する。
（みんなが敬礼する）
⑥今、先生が王様でしたが、今度は、王様をやりたい人？
はい。では、林君。やってみて。
（同じようにする）
（みんなはその動きをまねする）

王様を探す人を決め、王様を決める

⑦では、今から本番。
王様を探す人、王様になる人を決めます。
王様を探す人になりたい人？
（じゃんけんで決める）
はい、では、本吉君、王様を探す人ね。
廊下で座って、静かにまっていてください。
（出ていく）

⑧では、王様を決めます。したい人？
（じゃんけんで決める）
探す人にばれないようにして決めるからね。
はい。あなたね。（小林君に決まった）

円になって、王様探しスタート

⑨では、王様を探す人どうぞ。
（廊下から入ってくる）
⑩探す人は、円の中心にきなさい。
では、今から、２分以内に王様を探してね。
⑪では、王様は、ばれないように動いていいからね。
どうぞ。
（王様が動く。それをほかの人はまねをする）
（王様を探す人は発信源を探す。それが王様をみつけることにつながる）

探す人、王様をあてる

⑫「わかった」
⑬はい、どうぞ。
⑭「多分、根木さんです」
⑮あっ、残念です。違います。あと１分ね。
⑯（しばらく探す）
⑰「あっ、わかりました」
⑱はい、どうぞ。
⑲「小林君です」
⑳おー、正解です。すばらしいです。（拍手をする）
こういうゲームです。わかった？

本番

㉑では、今のは練習ね。本番をやりましょう。
㉒王様を探す人やりたい人。（じゃんけんで決める）
王様をやりたい人。（じゃんけんで決める）
じゃあ、やっていこう。

ポイント解説留意点

①何回もやっていくと、王様を探す人が後ろをむいたときに、動きを変えるといいことに気がつく、それができるようになると大いにほめる。
②王様でない人の目線も大事である。あからさまに目線を王様に向けるなと言う。
③上記のようなことを作戦タイムをとり、話合わせることが大事である。
④遊びで、フェイク王様をつくるのもいい。あるいは、王様と王妃様をつくるのもいい。はじめは、王妃様か王様のまねをするようにする。あるいは、女の子は、王妃様のまね。王様は、男の子がまねをするなども面白い。もし、どちらかがつかまったら、残った王様の方のまねをするなど。いろいろと創意工夫をして、ゲームを変えてもいい。
⑤このようなゲームをしていると、つい王様と探す人に心が奪われて、その動きをほめるなどをするが、一般の人をねぎらうことや一般の人のよい動きを紹介することを忘れてはいけない。全員の協力で楽しめていることを伝える必要がある。
⑥これは、協力型なので、３回ぐらいやったら、じゃあ、もう先生は司会言葉を言わないからね。自分たちでやっていってねとする。そうすると、子どもたちは司会言葉をつかって、進めていくようになる。

協力型 13　準備なし

動画でチェック⬇⬇

2人でポン

2人組で行う ｜ 時間：5～7分 ｜ 学年：全学年

ルール

①2人組。
②リズムよく、2人で手をあわせる。
③リズムは、以下。
　数字の時は拍手。ポンの時は手を前に出して合わせる。
　1、ポン
　1、2、ポン
　1、2、3、ポン
　1、2、3、4、ポン
　1、2、3、4、5、ポン
　1、2、3、4、ポン
　1、2、3、ポン
　1、2、ポン
　1、ポン
④早く終われば勝ちというゲーム。

指導手順　はじめ

型を教える

①「2人でポン」ゲームをします。
②言ってみて、1（拍手しながら）ポン（前に手をつき出す）
　（1、ポン）
③1、2、ポン（1、2、ポン）
④1、2、3、ポン
　1、2、3、4、ポン
　1、2、3、4、5、ポン
　1、2、3、4、ポン
　1、2、3、ポン
　1、2、ポン
　1、ポン
　（全て同様に復唱と動作をさせる）
　（数字の時は、手をたたく。ポンの時は、手を前につき出す）

2人組でさせる

⑤上手だね、向き合って。
1、ポン（1、ポン）
そうそう、ポンのとき、お手合わせ。
1、2、ポン（1、2、ポン）
1、2、3、ポン
1、2、3、4、ポン
1、2、3、4、5、ポン
1、2、3、4、ポン
1、2、3、ポン
1、2、ポン
1、ポン
（向かいあって、同じようにする。復唱と動作を入れる）

⑥そう、うまい。
これが早くできたら勝ちというゲームね。
いくよ、よーい、スタート。
（やらせる）
すごいね。みんな、上手。

最後のパーツを教える

⑦最後の時は、イェーと言って、ハイタッチをするよ。
もういちど、どうぞ。
（やらせる）
（最後は、イェーの声が聞こえる）

⑧いいね。本吉君のイェーはいい声だ。すばらしいね。

⑨じゃあ、違う2人組を組んで、座る。
（2人組を組む）

⑩OK、じゃあ、やっていきましょう。よーい、スタート。
（やらせる）

3、4人組でさせる

⑪とってもいいね。では、3、4人組を組みましょう。
（組ませる）

⑫3、4人組でもできるからね。斜めに手を出して。
少し、練習をしようか。どうぞ。
（練習をさせる）

⑬では、はじめます。失敗してもゆるしてあげてね。
よーい、スタート。

ポイント解説留意点

①一体感が高められるゲームなので、楽しい。ただし、やりすぎると手が痛くなるので、ほどほどがいい。
1回目にこのゲームを教える時は、3、4人組までいかなくてもいい。
②クラスの仲がある程度の場合は、男と男などでもいいが、仲良くなっているのならば、あえて男女でやりなさいとする。
③やっている時に、イェーの声が大きい人をほめる。笑顔でいる人をほめるといい。
④3、4人組の後は、班の5、6人組でさせても面白い。

協力型 14　準備なし

動画でチェック⬇⬇

電気びびびんゲーム

全員で行う ｜ 時間：7 ～ 15 分 ｜ 学年：全学年

ルール

① 15 人以上が望ましい。（クラス全員）
②円になる。
③スタートの人とゴールの人を決める。
　スタートとゴールの人は隣。
④手をつなぐ。（スタートとゴールの人はつながない）
⑤スタートの人が右手をぎゅっと握る。
　すると握られた人は右手をぎゅっとする。
　それの連続でゴールの人まで握るのを伝えるようにする。
⑥ゴールの人は、左手を握られたと感じたら、ゴール！と言う。
⑦スタートからゴールまでのスピードが速いといいゲーム。
　※初期は、２チームに分けて競わせるのもいい。

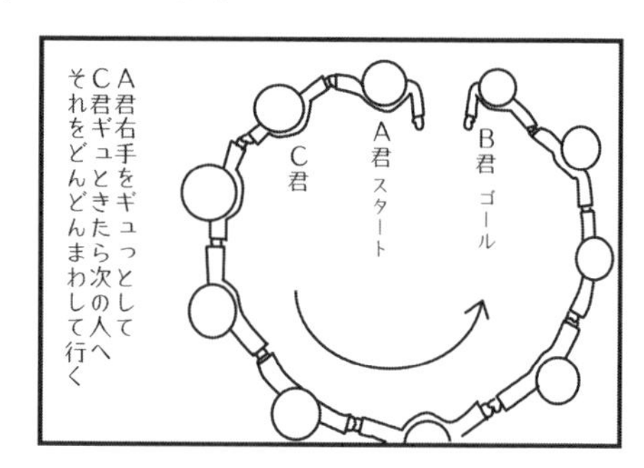

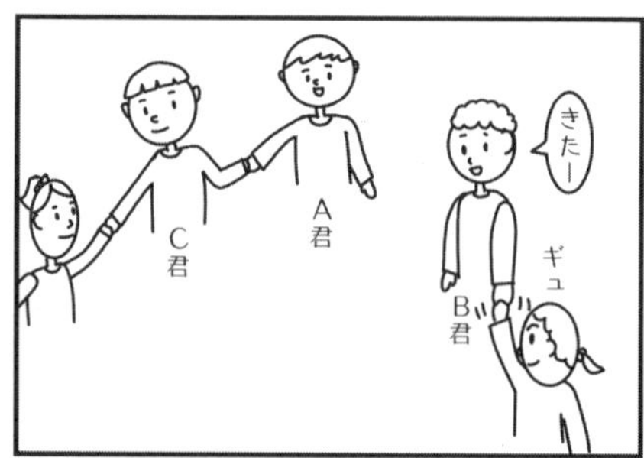

指導手順　はじめ

ルール説明

①電気びびびんゲームをします。
②全員円になりましょう。
　(円にならせる)
③本吉君スタートね。隣の林君、ゴールね。
　みんな手をつないで。本吉君と林君はつながなくていいよ。
④みんな右手を１回ギュッとして。
　そう、上手。
　では、本吉君、右手をギュッとして。
　隣の小林君、感じた？
　はい。では小林君は、右手をギュッとします。
　前君、感じた？　では、右手をギュッとして。
　というようにゴールまでやりなさい。
　どうぞ。
　林君までできた？　きたら、林君は、ゴール！！と言いましょう。
　OK。

とりあえずやらせる、時間をはかる

⑤じゃあ、やってみるよ。

よーい、スタート。
（やらせる）
（林君が「ゴール」と言う）
⑥うまいうまい、今ね。時間をはかったんだけど。
13秒でいけた。すごいね。
もう、早くできない？　できる？
やってみるよ。
よーい、スタート。
⑦（やらせる）
⑧おお、すごい、9秒ですよ。

作戦タイムで記録を伸ばすことを考えさせる

⑨もう、早くするのは無理かな？ できる。作戦タイムとっていいよ。
（作戦タイムをとらせる）
（子どもが勝手に意見を言いだし、まとめはじめる）
（2、3分はとる）
⑩もう、いい？
しかし、えらいねえ。みんなで話し合って、高めようとしている。
いいクラスだなあ
じゃあ、するよ、よーい、スタート。

再度やらせる、記録が伸びるのでほめる

⑪（やらせる）
すばらしい8秒です！！　早くなりました。
（なお、9秒ぐらいならば、8秒と少し早くしてあげてもいい）

①手をつなげる仲の良さでないとやらないゲーム
低学年ならば、基本大丈夫。
②仲良くなっているならば、男女交互に組ませる。
③協力型のゲームで、作戦タイムがあるので、ここで子どもたちからの意見を出るように組み立て、学級経営に生かす。
④はじめは、1分ほどかかる。しかし、その時間が遅いほど、どんどん早くなっていった時に、自分たちでやった感が出る。
⑤4年生、1学期、43人でやった時、はじめは、1分12秒かかった。
2回目は、50秒。3回目は、30秒。やるごとに作戦タイムをしていった。
4回目、18秒。5回目、12秒。6回目、14秒。とやっていった。
この時は、15分ほど指導時間をとった。終わりの会に行った。
もう10秒は無理？　とかあおるとやる！　と言う。さらに相談タイムをとる、子どもたちがどんどんと意見を出す。聞き方もよくなってきた。
7回目、10秒となった。子どもたちは大喜び。みんな、すごいね。はじめは、1分はかかったのに。すごいなあ。みんなが意見を出し合ったからだよね。このクラスはすごいなあと言って、終わった。
⑥協力型のゲームは、クラスを育てる。一体感を生み出す。対決型のみをやっていてはこうはならないのである。
⑦また、頑張っている子、すぐに静かにした子、いい聞き方の子をことあるごとにほめるようにしている。

協力型 15　準備なし

動画でチェック⬇⬇

仲間集めゲーム

全員で行う ｜ 時間：7 ～ 12 分 ｜ 学年：全学年

ルール

①全員参加。
②教師が例えば、「血液型で集まりなさい」と言う。
③子どもたちが声をかけあい、血液型ごとに集まって座る。
④初期は、早いチームを勝ちとかにする。
⑤中期は、クラス全体が早いかどうかでタイムをはかる。
　早くなったら、ほめる。
　(基本、相談や声掛けがうまれるので)

指導手順　はじめ

①仲間集めゲームをします。
②例えば、「血液型」って言ったら、同じ仲間で集まります。
　A 型、B 型、O 型、AB 型、わからない人みたいな感じでね。
　集まったら座ります。よーい、スタート。
③（集まらせる）
④おー A 型が早いね。B 型も。集まったら座って静かにするよ。
　(全員集まるまでまつ)
⑤すばらしいね。とっても早かったね。
　さて、今のクラス全体で何分かかったと思う？
　(4分、5分)
⑥まあ、3分くらいでした。
⑦すごいね。さあ、次はさらに早くできるかなあ。
　みんなの協力パワーも必要だよ。
⑧次のテーマは、何月生まれかです。いける？　質問ある人？
　(質問をうけつけて、答える)
⑨では、いきます。よーい、スタート。
　(やらせる)
⑩上手にできたね。
　(早くなっていたらほめる)

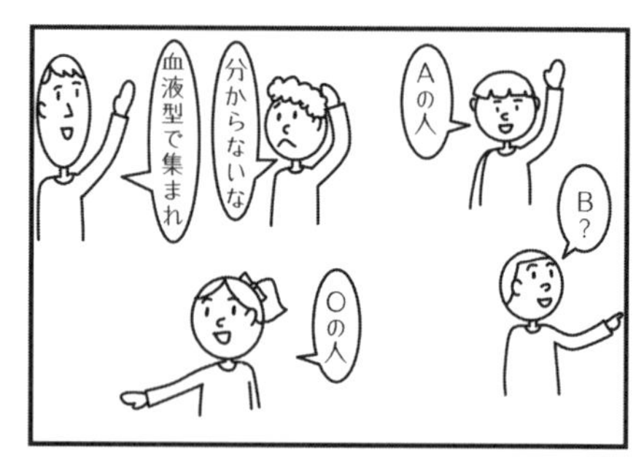

ポイント 解説 留意点

①このほかに、好きな色。何人兄弟か。兄弟での立ち位置（長男、長女など）休み時間によくいる場所。動物飼っているか。〇〇えもんの好きなキャラクターなどがある。
②仲間を呼んでいる子をほめる。
③終わった後に、すぐに静かにしている人をほめる。

協力型 16　準備なし

無声ならびっこゲーム

動画でチェック⬇⬇

全員で行う ｜ 時間：5〜12分 ｜ 学年：全学年

ルール

①しゃべらずに並ぶことができたらいい。
②お題によって並ばせる。
背の順、番号順、誕生日順、家が近い順、住んでいる階順などに並ばす。
③一言でもしゃべればアウトというゲーム。
④並ぶ時間が早くなればいいというゲーム。

指導手順　はじめ

①１〜４班立って、Ａ班です。
５〜８班立って、Ｂ班です。
②Ａ班とＢ班の勝負です。
来たもの順で１列に並びましょう。早く並んで、静かになれば勝ちです。よーい、どん。
（並ばせる）
③すばらしいね。今回はＡ班の勝ち。
次はどうなるかな。じゃあ、もっと難しくするよ。
今度は、一言もしゃべってはなりません。
しゃべるとアウトになります。分かった人？
しゃべったらだめなんだよ。できるかなあ。
④ではそのチームで背の順に並びなさい。よーいスタート。
（Ａ班とＢ班の様子をみる）
（しゃべる子がいたら、「あっしゃべった、減点３秒」とか言う）
⑤さあ、もう意味が分かってきたね。では、これからが本番協力ゲームだから、クラス全員が何秒でできるかな？
これが早くなると、帰りの準備やいろいろなことが早くなるよ。がんばってね。
⑥クラス全員で誕生日順で並びます。よーい、スタート。
（並ばせる）

ポイント解説留意点

①このゲームをすると、いろいろなことが素早くなる。「あのゲームをやってよかったね」と言って価値づけする。
②「協力をするととってもいいことが起こる。快適だね。だって帰る準備が早いといいよね」などと言う。

動画でチェック⬇⬇

協力型 17　準備なし

背中合わせで立ちましょう

２人組以上で行う ｜ 時間：３～７分 ｜ 学年：全学年

ルール

①２人組。
②背中合わせて座った状態で両腕をからめる。
③「せーの」等と声をかけて立ち上がる。
④早く立ち上がれたチームの勝ちとする。

指導手順　はじめ

①背中合わせで立ちましょうゲームをします。
②２人組、組んだら座る。だれでもいいよ。
　（学級の仲の良さの状態によって、そのまま同性同士にする）
③体育座り。（やらせる）
④その人と背中合わせ。（やらせる）
⑤腕をからめて。（やらせる）
⑥そこから、立ち上がれるかな。
　立ち上がるのが早くできればいいというゲームね。
　やってみて。（やらせる）
⑦やり方わかった？
　はい、もう一度座って。
　時間を計るよ、よーい、どん。
　（やらせる）
⑧おー、早いね。さっきよりも早くなった人？　いいねえ。
　ではどうしたらもっと早くなるか、作戦タイム＆練習。
　（時間をとる）
⑨では、もう一度するよ。よーい。どん。（やらせる）
⑩おお、いいねえ。みんなすばらしい協力なので、さらに早くなったね。
　クラス全員で早くするにはどうしたらいいでしょうか。
　相談から発表してみて。
　　（声をそろえるといいと思います）
　　（背中で押し合うと早くなります）
⑪すばらしいね。では、それを取り入れてやってみましょう。

ポイント
解説
留意点

①責めていない人、ほめたり、はげましたりしている人を見つけてほめる。
②３人組でもできる。２人組に十分に慣れたらさせる。

協力型 18　準備：フラフープ

動画でチェック⬇⬇

協力くぐりぬけゲーム

5、6人組で行う ｜ 時間：5～12分 ｜ 学年：全学年

ルール

①5、6人で円になる。
②手をつないだ状態で、体を使って。フラフープを隣に渡す。
③手が離れたらアウト。
④2周したら終わり。
⑤早いチームが勝ち。

指導手順　はじめ

①6人組、組んだら座る。
②円になったら、座りましょう。
③このチーム、はやい。すばらしい、見本ね。
④林君、フラフープをもって。
　みんな手をつないで。
　では、この状態で、フラフープを回していきましょう。
　右回りね。どうぞ。
　(やっていく)
　そうそう、上手。いいね。
⑤みんなもやってみましょう。1周したら座りますよ。
　よーい、どん。
　(やらせる)
⑥上手だね。頭から通すか、足から通すかは作戦で決めたらいいからね。作戦タイム。
　(話し合わせる)
⑦では、2回戦をします、今度は2周できたら座るよ。
　よーい、どん。
　(やらせる)
⑧よくできたね。今ね、中桐君がね、とってもよかった。応援を一生懸命していたんだ。すばらしいですよ。中桐君と同じように応援していた人。ナイスです。いい。じゃあ、もう1回戦しようか。

ポイント解説留意点

①何周と限定をせずに、時間内に何周できるかをみる。
②仲が良いなら、男女交互で並ばせる。
③応援している子をとりあげて、めちゃくちゃほめる。
④円で回していくのがいい。友だちを応援しやすい。

協力型 19　準備：点つなぎプリント

動画でチェック⬇⬇

協力点つなぎ

4人組以上で行う ｜ 時間：7～12分 ｜ 学年：全学年

ルール

①班で行う。4～6人。
②「点つなぎの紙」を班で1枚分配る。
（点つなぎは、70～150ぐらいまでのものがよい）
③鉛筆は班で1本。
④リレー形式で人を変えて点つなぎをして完成を目指す。
⑤1人が10個ぐらいつなぐ。
⑥記録が早ければいいというゲーム。

指導手順　はじめ

①協力点つなぎゲームをします。
②班の形にして。（班の形にさせる）
③鉛筆を班で1本用意しましょう。
④班長さん、点つなぎの紙をとりなさい。
⑤交代で点つなぎをします。10個したら次の人にチェンジです。
⑥やる順番を決めましょう。（相談する）
⑦決まった？　終わったらできた！！と言ってね。
（できました）
OK、よーい、スタート。
（点つなぎをやらせる）
（10個ごとに、交代していく。わきあいあいとなる）
⑧「できた！！」
3班、40秒。4班、42秒。早いねえ。
⑨全員できたね。一番最後の班がだいたい1分でした。
じゃあ、どうやったら、次はもっと早くできるでしょうか。
作戦タイム。
（作戦タイムをとらせる）
⑩たくさん、話してえらいね。
じゃあ、2枚目の点つなぎをとりにきて、がんばってね。

ポイント解説留意点

①大阪の荒れた中学校でもできたと実践を紹介された先生が言う。たいていの場合、できると考えられる。
②応援している子、アドバイスをしている子をほめる。
③最終的にはクラス全員が早くなる方法を発表させるといい。

協力型 20　準備：小さな宝

宝さがしゲーム

全員で行う ｜ 時間：7～12分 ｜ 学年：全学年

ルール

①宝を１つ用意。小さなコインなどでいい。
②宝が何かを全員で確認。
③王様じゃんけんで「宝を探す人」を１人、「宝を隠す人」を１人決める。
④「宝を探す人」は、廊下に出る。
「宝を隠す人」は、教室内のどこかに宝を隠す。
隠し場所は、全員で確認をする。
⑤「宝を探す人」をよぶ。宝を探し始める。
⑥「宝を探す人」が宝に近づけば近づくほど手をたたく。
離れたら手をたたかない。
⑦「宝を探す人」が時間内に宝を探せたら、OKというゲーム。

指導手順　はじめ

①宝さがしゲームをします。ルール説明ね。
②このビー玉を宝にします。
③これを、ほうき入れに隠しますよ。（隠す）
④では、先生が探します。先生が近づいたら拍手をたくさんしてください。（近づいたり、遠くにいったりする）
（近づくと拍手が大きくなる。離れると拍手が小さくなる）
まあ、先生は本当はわかっているんだけどね。
⑤こういうルールです。わかった人？
⑥では、「探す人」と「隠す人」を決めます。
「探す人」、したい人？（王様じゃんけんで決める）
「隠す人」、したい人？（王様じゃんけんで決める）
⑦では、探す人、廊下に出て静かに待っておいて。
⑧では、隠す人、教室の中のどこでもいいから隠しましょう。
みんなもどこに宝があるかみていてね（隠し終えたら）
⑨では、探す人出てきていいよ。
⑩探していきましょう。（宝に近づいたら拍手をする）
（宝を見つけたら、拍手する）
⑪やり方、わかってきたね？　では、２回戦をしましょう。

①意外と盛り上がるゲームである。
②ちょっとわかりにくいところに隠させると面白い。

対戦型 20

区分	No.	ゲーム名	概要
準備なし	1	ミャンマーゲーム	ミャンマー、ミャンマーと増やしていく。
	2	算数じゃんけん	1、2、3、4、5の指で足し算、ひき算、かけ算。
	3	船長さんの命令	船長さんの命令です、立ちましょう。(命令命令〜でもよい)
	4	キャッチ	右手人差し指立て。左手わっか。
	5	落ちた落ちた 改	赤ちゃん、ばくだん、ガラス、うけとめ方よけ方違う。
	6	かめはめ波じゃんけん	かめはめ波は、かめはめ波返しにだけ負ける。後は勝つ。
	7	西部劇じゃけん	1、2、3バン。勝ったら「やった」、負けたら、「やられた」。
	8	Wじゃんけん	Wじゃんけん、じゃんけんぽん、ひっこ抜いて、ほい。
	9	まあいっかじゃんけん	勝ったら「ありがとう」。負けたら「まあいっか」を早く言う。
	10	うし・うまゲーム	握手からの手たたき。勝ったらたたく、負けたらガード。
	11	生き残り！数あてゲーム	1〜30の数字を1つ言う。同じ数字を言ったらアウト。
	12	あいこでイェーじゃんけん	じゃんけんする。あいこの時にハイタッチ。
	13	条件じゃんけん	グーだけ出さない、じゃんけんぽん。
	14	番町さらやしき	1まーい。2まーい。でパリーンで次の人が上からたたく。
	15	名前変え返事ゲーム	班の人の名前をもらう。そして呼ぶ。もらった人が返事する。
	16	ノット20	一度に3つの数まで進める。最後に20を言うと×。
準備あり	17	お金持ちゲーム	(お札)　勝ったら1枚もらえる。
	18	ハンカチとり	(ハンカチ)　取られないように掴む。掴むのは一瞬だけ。
	19	プリンをうばえ	(消しゴム)　やきそば、おにぎり、プリン、でとる。
	20	じゃんけん宝うばい	(消しゴム)　勝っても負けてもなし　あいこでとる。

協力対戦型 10

区分	No.	ゲーム名	概要
準備なし	1	3人組じゃんけん	3人同じものを出す。チームじゃんけん。
	2	ハイカット、ローカット	数字を個人や班で考える。発表。一番上の点数と下の点数がドボン。他は点数。
	3	3、4文字口パクあてクイズ	いっせーのーで、はー！るー！まー！きー！口だけ。
	4	チーム応援、勝ち抜きじゃんけん	1列ごとに並んでの勝ち抜きじゃんけん。どこかもつ。
	5	5人組、体じゃんけん	5人が指となる　グー全員しゃがむなど。
	6	犯人をさがせ	警察3人犯人3人を決める。立ち歩く。犯人はベロだし一般人を倒す。警察みつける。
	7	ウル・トラ・マンゲーム	ウル、トラ、マン、両脇がシュワッチ。
	8	みんなでしりとり「〜につなげ」	5人以上、3文字限定でしりとり。
準備あり	9	いす乗りじゃんけん	(いすか新聞)　負けたらいすを1つ抜く。いつまで乗っていられるか。
	10	違うが勝ち	(黒板、チョーク)　みんなと違うものをチームで決める。

協力型 20

区分	No.	ゲーム名	内容
準備なし	1	拍手ゲーム	拍手をそろえていく。1回ずつ増やす。
	2	テレパシーゲーム	1～5を出す。テ、テ、テレパシー。
	3	好きですか、嫌いですか	1人がいすに座る。1人が問題を出す。
	4	ミラーゲーム	じゃんけんで勝った人のまねをする。
	5	握手ゲーム	せーので握手。1、2、3の中のどれかあたればいい。
	6	声あてゲーム	3人で同時に声を出す。それをあてる。ネズミなど。
	7	言うこと一緒、やること一緒	手をつないで、前、後、右、左といってジャンプ 言うこと一緒、やること逆　言うこと逆、やること一緒
	8	ぎょうざじゃんけん	肉、ニラ、皮、で完成。ぎょうざじゃんけん、ぽん。
	9	たけのこにょっき	たけのこたけのこ、ニョッキッキッ、1ニョッキ。
	10	セブン、イレブンゲーム	算数じゃんけん、合計が7か11でハイタッチ。
	11	無の世界	何もしゃべらない、空白何秒続くか。
	12	王様はだれだ	円になる。1人の王様のまねをいっせいにする。 1人の人が円の中に入って、それをみつける。
	13	2人でポン	2人組。2人で1ポン2ポン3ポン4ポン、5ポン、 4ポン3ポン2ポン1ポンイェー！としたら座る。
	14	電気びびびんゲーム	円になる。手を握って最後まで伝える。
	15	仲間集めゲーム	血液型、兄弟、習い事、ペットなどで集まる。
	16	無声ならびっこゲーム	誕生日順、背の順で一列に並ぶ。声出さない。
	17	背中合わせで立ちましょう	2人、4人、6人、10人でする。背中合わせで立つ。
準備あり	18	協力くぐりぬけゲーム	（フラフープ）　手をつないで円陣。その状態でフラフープ1周。
	19	協力点つなぎ	（点つなぎプリント）10秒ごとに書く人、チェンジ。早くする。
	20	宝さがしゲーム	（小さな宝）　宝を隠して、探す人が宝に近づいたらパチパチ。

プリント用ページ。
B5用紙にこの2ページ分を印刷する。見開き2ページで備忘録にはる。
すると、これをみただけですぐにゲームができる。
※空いているところは、自分の鉄板ゲームか、覚えたゲームを書くといい。

動画をみて、ゲームを確実につかもう

①ゲーム動画の趣旨3つ

絵があるとわかりやすい。しかし、動画があるともっとわかりやすい。私のサークル、みなみ例会で撮影したものである。

粗い部分があるが、ないよりかはましかと思う。動画の意図は、

> **①ゲームの流れを大まかにつかむ。**
> **②ゲームの指導はじめはこのように指導するをつかむ。**
> **③テンポとリズムを体感してもらう。**

の3つである。

よくあるゲーム本はルールは書いているが、指導はじめが書いていない。指導はじめは分解した方が実は教えやすい。

例えば、キャッチなどはかなり教えるのが難しいゲームだ。実際に使われている先生は、かなり説明が多くなってしまう。

これをなんとかしないとと思っていた。しかし、いくら私の指導を文字起こししても伝わりにくいと思う。

だから、自分ならばどのように教えるかを撮ることにした。

動画ならば、雰囲気をつかめる。参考になれば幸いである。

②使用上の注意

◎大人相手の授業。子どものイレギュラーの対応はほとんどない。
　その流れで教えている。子ども相手ならば、若干対応が変わる。
　ご自分の学年、学級の実態に合わせていただきたい。
◎この動画が不適切な形での流出などがあれば、配信をとめることもあるのでお知りおきいただきたい。
　ないことを願う。

Ⅱ

学級が大成長！ゲーム指導の基本をおさえよう

（1）ゲーム指導にもある基本型7

①とにかく説明を省こう

> **実際に活動をさせながらの方が子どもはゲームの意味を理解する。**

たかがゲームだが、実は教え方はけっこう難しい。

例えばキャッチ。普通に説明をしながら、教えると子どもは意味がわからない。子どもの頭の上に「？」がたくさん浮かぶ。

１分ほど我慢をしてもらって、説明を聞いてもらうとなんとかわかってくるが、指導法としてスマートではない。

多少荒れている場合は、それだけでわちゃわちゃとなりそこで怒ってしまうことになる。子どもたちは嫌な雰囲気になる。「ゲームなんかするか」となってしまうこともある。

②見本をみせよう

一番簡単で楽なのは、見本をみせることだ。

> **休み時間などに「こういうゲームをしようと思うのだけど」と本書をみせて数人にやらせてみる。そして、その後全体でゲームをするときに、見本でやってもらう。**

そうすると技術は必要としなく、子どもに意味を理解させられる。

しかし、見本を教え込むのには時間がかかる。

その時間がおっくうな場合には、本書のやり方をみてやってもらえばいい。

なるべく活動を途中で挟み込み、説明を極力省いて教えている。

ご覧いただければと思う。

③細かな質問ははじめはなしとする

１回練習を通すまでは、細かな質問はなしにする。

とりあえず、やってから質問をしてもらうようにする。

そうしないと質問に答えすぎて進行が遅くなる。

１、２回とりあえずやってからの方が意味がわかるし、質問がなくなっていく。スムーズにことが進む。
　これをあらかじめ子どもに言っておき、了解を得てからやるのがいい。

④先生対子どもで教えられるゲームは教える

　見本なしで教える場合は、１対１のゲームでも、先生対子どもでやってから教える。
　例えばテレパシーゲーム。このゲームは１対１だが、先生対全員でやる方がわかりがよい。
「はじめに２人組を組んでね……」とやると２人組を組むだけで、時間をとられる。

⑤非常に難しいゲームは、段階を３つぐらいにわける

　ウル・トラ・マンゲームは、非常に教えにくいゲームである。
　第一段階として、とにかく、ウル、トラ、マンでどんどんと進めるようにするとわかる。これで、流れの８割はつかませることができる。
　その後に、ポーズを教える。ポーズをする人は、マンで指をさされた人だけがするようにすればいい。
　これならば１年生でもできる。
　その後に、指をさされた人と両隣の人もポーズをすることを教える。
　これは２年生の２学期以降はいける。
　そして最後に、マンで指さされた人は何もポーズをとらずに、両脇の人だけがポーズをとるようにさせる。（ただし、４年生以上とする）
　このようにすることで、活動を入れながら、説明がほとんどいらずに教えることができる。詳しくは映像をみていただければと思う。

⑥もめそうな子がいる場合

　その子の近くで指導をする。または、

そもそも、トラブルが起こりそうなゲームをしないというのもありだ。

　例えば、隣の子とものすごく喧嘩をしたとしよう。
　その後に、接触ありのうし・うまゲームをしたらどうなるだろうか。喧嘩になるに決まっている。思いきりたたきあって。あるいは、握手をしないだろう。
　そういうことを考えてゲームを選択するのも大事なことである。

⑦のり気でない子がいる場合

　かまわずにやってしまう場合が私は多い。
　やっているうちに楽しくなる場合があるし、まずは、全体的に楽しい雰囲気を作り上げて、クラス

の雰囲気を高めるようにしているからだ。
接触なしのゲームなら楽しめるものが多い。
しかし、学年に合わせてゲームを選んでほしい。例えば、落ちた落ちた改などは、高学年でははじめのころはしない方がいいだろう。「幼稚だからやるか」と言う子も出る。６月以降で仲が良くなってきて、教師との信頼関係も高まっていたら、十分にできる。

（２）良い例、悪い例がある ゲームの教え方

①ゲームの教え方良いポイント５

ゲームの教え方で気をつけることがある。
以下の５つだ。

①活動させながら教える。
②できるだけ見本をみせる。
見本は２、３回はみせるといい。
③「１回目は練習だからね」と言って、安心をさせる。
④１対１のゲームも、はじめは先生対みんなで行うと有効なゲームが多い。
（テレパシーゲームなど）
⑤絶対に説明だけで教えない。だれる。

なお、この方法以外とするならば、手間はかかるがこの本に乗っているルールを画用紙に書き、子どもに２、３回読ませる。
そして、見本の人を出して３回ぐらいさせてみせるという方法もある。
繰り返しになるが、

良くない教え方は説明をしすぎる

ことである。説明を省く教え方が大事だ。

②ゲーム指導と体育指導は共通する、良い例、悪い例

実は、ゲームの指導方法と体育の初めての動きを教える指導方法はほとんど一緒だ。

ゆえに、ゲームの教え方がうまいと体育の教え方もうまいと言える。

プールの波の作り方。どのように教えるか。

良い例　（波が作られるまで５分）

波を作ります。

前列、入ります。１、２、３。（入る）

※１、２、３は学校で決まっている入水の手順。

はい、だいたい、ここら辺に２列で並びます。

後列、入ります。１、２、３。

外側に並びます。だいたいでいいです。

ピ（手をあげる）（児童、全員が手をあげる）

友だちの体はさわりませんからね。

先生のまねします。ピ、ピ（で歩く）

（途中で笛の音で向きを変えて歩く）

あまり良くない例　（波が作られるまで１０分以上）

波を作りますよ。みんなが協力しないとできないからね。よくきいていてね。

真ん中に集まります。きちんと並んでね。２列ですよ。では、移動しなさい。（移動させる）

しっかりと並びなさい。しっかりと。（並ぶのをまつ。３分以上）

はい。黙ります。静かにしなさい。静かに。（静かになったら）

先生が進んでいる方向に進むのですよ。気をつけて歩きなさいね。

ピ、ピとやっていく。

いかがであろうか。

波指導も同じである。無駄な言葉を言わない。

活動をしながら教えていくのである。１回やれば、どういうものかわかっていく。ゲームと同じなのである。

幅跳びを教えるときもそうである。いちいち、幅跳びのやり方を説明しない。見本をみせて、まずはやらせてみる。

そうしてから、ポイントを少しずつ教えていけばいい。（あるいは考えさせればいい）説明は極力省き、まずはやらせていくことが大事である。

(3) ゲームをいつするかで学級は変わる

①意図的にゲームをする時間を設定しよう

私がよく行っているのは、

①学級会の時間
②道徳の時間
③総合の時間、音楽の時間などの隙間時間
④授業が早く終わった時
⑤朝の会
⑥終わりの会

の時間に行っている。

特に、月曜の朝や1、2時間目の早い時間に行う場合が多い。

（月曜日の1時間目が国語などの時間割で固定されていなければ、基本私は学級会の時間にしている）

ちょっとだらっとしやすい時間を狙って明るく、楽しい活動をしてシャキッとさせている。長くて15分。短くて5分程度である。

②だれているなと思う時にする。1週間に2回はする

ゲームは、ちょこちょこと1週間に2回ほどはしたいところである。
特に4月、5月は多めにしている。学級の仲を良くするのに、雰囲気を良くするのに効果的だからだ。
6月は少し少なめにする感覚をもっている。
もちろん、だれているなあと思ったときには、すぐに入れるときもある。子どもたちはけっこうシャキッとして、楽しむ。

(4) 対戦型、協力対戦型、協力型ゲームの特徴をおさえよう

①対戦型、協力対戦型、協力型ゲームの特徴

対戦型ゲーム

1対1のゲームが多い。
子どもたちは燃えるし、わかりやすいのでけっこう楽しむ。

最も子ども同士が燃えて本気でやるゲームはこれである。

短い説明でできるゲームが多い。

協力対戦型ゲーム

仲間と協力して対戦をするゲームである。
このゲームは仲間と喜びをわかちあうことができる良さがある。

クラスの仲をさらに良くするときに使うのがいい。

しかし、このタイプのゲームは、ある程度仲が良くないとしてはいけないという前提条件がある。
友だちを責める子が多い、よくケンカがあるクラスではあまり使わない方がいい。
クラスの仲が良くなりつつあるときに使うといい。

協力型ゲーム

これは2学期以降には、どんどん行っていきたいゲームである。
力を合わせる喜びを感じることができる。

仲間と協力する楽しさを最高に高めることができる。自治にもっていくために必要なゲームでもある。

ここで、子どもたち同士が高めあう方法を学んでいく。

対戦型に比べて時間を取られるゲームが多い。

②特徴をおさえたゲームで学級の仲を良くしていこう

対戦型は面白い、いつでもどんな段階でもできる。

しかし、ずっとこれだけをするのではもったいない。

クラスの良さは85点のままでとまる。

これに協力型などを入れたゲームをすることで、クラスが100点、120点の仲の良さになっていくのである。

「たかがゲーム」ではない。

ゲームは極めて奥が深いのである。学級の仲を良くする上で。

単発ならば確かに大したことがないかもしれない。が、その指導が線になると全然意味が違ってくるのである。

ふれあうことがなんともなくなってくる。男女で握手をする、ハイタッチをするのがなんともなくなっていく。

そうなると、クラスの仲は劇的に良くなっていくのである。ゆえに、

仲の良さを考慮して、対戦型→協力対戦型→協力型の順番でゲームをしていくことが大事である。

③縦割り班活動にふさわしいのは協力対戦型

１年生から６年生までまざって活動する縦割り活動。

簡単でしかも、個人プレーにならないゲームを選ぶのがいい。また、学年での差が出ないようにしたい。趣旨はみんなで仲良くなるだ。

ならば、どのゲームがいいか。これは協力対戦型である。

３人組じゃんけん、ハイカット、ローカットなどが面白い。学年による差が生まれない。交流も生まれる。

協力型ならば、協力くぐりぬけゲームがいい。

その時の学年、学年の仲の良さ、時間に応じて最善のゲームをすることをお勧めする。

(5) 対教師型ゲームと対友だち型ゲーム

①ゲームの特徴をおさえて指導しよう

「対戦型ゲーム」は、細かく分けると「対教師ゲーム」と「対友だちゲーム」に分類できる。「対教師ゲーム」は

①船長さんの命令　②落ちた落ちた改　③生き残り！数あてゲーム
④テレパシーゲームを先生とだけする段階の時
⑤好きですか、嫌いですかを先生が主導で進める時

「対友だちゲーム」は、

①キャッチ　②ミャンマーゲーム　③握手ゲーム
④３人組じゃんけん　⑤まあいっかじゃんけん

などである。
対戦型ゲームは、燃えやすく楽しいゲームであるが、その特質の違いを知っているとより効果的にゲームが使える。

②４月は「対教師ゲーム」それ以降は使い分けよう

友だちとより仲良くさせたいときは「対友だちゲーム」。
素早く楽しいことを味わわせたい、友だちとのトラブルが考えられるとき、教師の言葉になれさせたいとき、低学年の初期は「対教師ゲーム」がふさわしい。
「対友だちゲーム」の方は友だちとのやりとりがある分少しだけ難易度が高い。しかし、喜びはこちらの方が大きいように思う。
私は４月は「対教師ゲーム」から行うことが多い。このゲームは、教師との関係を良くするためにも使えるからだ。使い分けをお勧めする。

（6）接触あり、接触なしで変わる指導の難易度

①接触あり、なしのゲームを使い分けよう

特に対戦型の指導をする時に関係するが、

> **１学期は接触がない方が指導をしやすいし、子どもは楽しむ。（低学年は少し事情が違うが）**

どうしてか。例えば、接触あり型のキャッチ。

このゲームはとっても楽しいのだが、私は痛い目にあった思い出がある。

前年度とても盛り上がって、これは鉄板ゲームだと思って、５年生の４月はじめのときにした。

ほとんどのメンバーは盛り上がった。やはり、このゲームはいいなと思った。だが、ある一組に気がついた。

すごく女の子が嫌そうにしていた。そして、あんまりやっていなかった。あとでわかったのだが、その男の子と組みたくなかったのだ。

まだまだクラスの状態が固いときは、接触ありは気をつけなければいけない。この時の事例から、

> **接触ありは、子どもの仲が悪ければしない。**
> **４月はしない方が無難。**
> **特に男女で強引に組ませてさせることはいけないと学んだ。**

恥ずかしかったり、嫌がったりして、「おもしろくないわ、こんなゲーム」となりやすい。なお、低学年の場合は、トラブルが多いクラスでなければだいたい大丈夫な場合が多い。

仲の良さにあわせて、ゲームはやらねばいけない。

今なら、接触なしのミャンマーゲームから始める。これならば、接触がないし、失敗しても何か面白いのでいい。

②仲の良さが少し良くなってきて、使うかどうか微妙な時

そろそろ接触ありのゲームもしたいが「まだ微妙な仲の良さかな、でもしたい」という時もあろう。

その時は、以下の方法をとればいい。

初期は、「男女でしなさい」とか決めないようにすればいい。

つまり、隣と２人組にさせるのではなく、「だれでもいいので、２人組を組みなさい」とすればいいのである。

これならば、問題は起こりにくい。

自分が選んだ人と組んでいるので、まだ接触ありのゲームはできる。

しかし、そんな状態だと、２人組を組むのに時間がかかることもあるが、それは仕方がない。

みんなが楽しそうにやっているから、ちょっとやってみるかということはけっこうある。とりあえずやってしまって、あとから男女の２人組でやっているチームはすごいと、ほめるのもいい。

③仲の良さによって接触の時間を増やす

握手とハイタッチ、どちらが子どもにとってましか。

これはハイタッチである。触れている時間が１秒だからだ。握手は、３、４秒かかる。細かなことであるが、知っておいていただきたい。

電気びびびんゲームは、ずっと手をつないでいる。つまり、握手ができない子がいる状態でこのゲームをするのはあり得ないのである。たし算ができない子に、分数のたし算を教えるようなものである。

仲の良さに応じて接触する時間があるゲームをさせられるのである。

それをいろいろなゲームをしながら探るのが大切である。

（7）学級をいい雰囲気にする協力対戦型

①協力の楽しさ、許してあげられるすばらしさを伝えよう

協力対戦型ゲームは、協力の楽しさをはじめに味わわせるのにとてもいい。そして、「協力型を教えたいけど、まだ教えられるほどの仲よさではないなあ」というクラスの状態の時に有効である。

しかし、ただやらせるだけではもったいない。なぜなら、

> **教師による「プラスの一言」をかけるだけでぐっと学級の状態が良くなっていくからだ。**

３人組じゃんけんをした時の話をする。

このゲームは、３人で同じ手を出すじゃんけんである。いろいろなチームと対戦することになる。必ず負ける時がくる。その負けた時に、相手を責めていない子が必ずいる。その時がほめるチャン

スだ。

「いったんストップ。全員座る。今、見ているんだけど、素敵だなあというところをたくさん見つけました。負けても人のせいにしている人がいないじゃないですか！　みんな。とってもいいね。やさしい」

「そしてね、たまに間違えて違う手を出すこともあるじゃないですか。でも、それでもその人を責めないで笑っている感じ、すごく素敵です。いいもの見せてもらったよ。ありがとう」

上記のようにほめることで、子どもは次からよりいい感じにゲームを進める。ゲームを通して、「協力をしてよかった」と思わせる教師の一言があれば、学級はさらに良くなる。協力も増える。

※なお、協力対戦型ゲームより、先に協力型ゲームができないというわけではない。そちらの方がより、スムーズに子どもに受け入れられやすいというだけのことである。

(8) 自治の基礎を体感させられる協力型

①協力型で自分たちで成功させたんだを体感させよう

協力型は、協力しないとゲームが進まない。

だれかが司会言葉を言わないといけない。

子どもたちが自分でしようと自然と思う。それがいい。なぜなら、

司会言葉を言って、何かを成功させる経験を積ませば積ますほど、学級は自治に近づくからだ。

お楽しみ会などを子どもに任せれば任せるほど、自治に近づいていくが、その初期段階として協力型ゲームを行うのがいい。

例を出す。協力くぐりぬけゲームだ。

チームで手をつないでフラフープを回していく。早く回すためにはチームが協力をしないといけない。ここで教師が教え込んではいけない。

作戦タイムでいろいろな案を出させる。

「作戦タイム」そう言うと子どもはたくさんの意見を出す。

「頭からやった方がいい」「足からやった方がいい」「背の順になった方がいい」いろいろと意見が出る。

変な意見が出てもまずは認める。なぜなら出すだけで大変だからだ。

それをねぎらった上で検討をさせる。
そうやって成功したのならば、子どもたちは「自分たちでやったんだ」と思うようになる。これが大事である。

「自分たちでできるんだ。自分たちでやってもいいんだ」それを本気で得心させると、子どもたちは変わっていく。

なお、失敗しても、意見を出してそれを実行したことは大いに意味がある。それも認めてほめていく。
そうしなければ、次からは意見が出なくなっていく。

②クラスを良くするための司会言葉の封印

協力型ゲームは、やっていると同じ子どもばかりが司会言葉を使うことがある。これをそのままにしてはいけない。

司会言葉を使う人が固まれば、封印を使う。

封印とは、その人がしばらく司会言葉が使えないというものだ。これは、お願いするという形で行う。
「いつも司会言葉を使っている、本吉君、ありがとう。でも、本吉君ばかりが司会言葉を使うと他の人が使えなくなるし、来年本吉君と違うクラスの人は困る可能性があります。来年の学年全体をよくするためにも、本吉君は司会言葉をだれかが10人言うまでは言うのはなしにしたいと思います。ごめんやけど、クラスの人の成長のためにお願いしてもいい？（いいよ）
※これで断るタイプの子ならば「じゃあ、５人が言うまでは言うのはなしでいい？」というふうにしていく。人間、一度断って次の譲歩の提案には賛成しやすい。
このようにして、司会言葉を言う人を封印する。
するとどうなるか。だれも司会言葉を言わなくて困ることが起こる。
そうなったらどうなるか。今まで司会言葉を言っていた人が、他の人に言わせるようになる。そうなっていくと、新たな人が司会言葉を言うようになる。また、今まで司会言葉を言っていた人がとてもよいフォロワーになる。このようなことをしていくことで、

クラスに司会言葉を言うリーダーが増え、とても聞き方のよいフォロワーが育っていく。このような機会を与えられるのも協力型ゲームを進めていくからこそである。

協力型ゲーム。学級の成長にものすごくつながるゲームなのである。

コラム

司会言葉「封印」指導の前に入れるべき自治の趣意説明「井戸の話」

～自分ががんばりすぎるより教えたほうがいいの話～

アフリカ。水の出ない国に、ある２人の日本人がきました。

①一人は、ペットボトルを１年分もってきました。
②もう一人は、井戸の作り方を教えてくれました。

どちらの人に対しても、アフリカの人たちは喜びました。しかし、どちらのほうがありがたかったのでしょうか。

これは②です。その国の人たちが自分たちでずっと、続けて水が飲めるようになるからです。さらに、

その井戸の作り方を覚えた人が、さらに他の人に作り方を教えていけばどうなるでしょうか。

さらに幸せになる人が増えますね。先生が言いたいことは、

一人の良いことは、他の人に伝えるとさらに良い

ということです。

例えば、ゴミ拾いをする人、一人だけが一生懸命30のゴミを拾うより、その人が仲間を増やし、３人、４人ががんばる方が早く良くなりませんか。

４人が20個拾っただけで、合計80このゴミ拾いです。そちらの方がよいでしょう。

本当のリーダーや、良い人、優しい人は、自分だけががんばるのではなく、広げていくという考え方を持つのが大事です。リーダー仲間を増やすのです。

先生は、あなたたちがずっと幸せでいてほしいので、井戸の作り方を教えます。リーダー一人ががんばりすぎても良くないのです。仲間を増やすことが大事なのです。

トラブル、ハプニング対応が学級大成長につながる

（1）ゲーム中にトラブルが起こったら

４月、安全なゲームを選んでいてもイレギュラーは起こる。トラブルは必ず起こる。どう対応するかを考えておくと落ち着いて対応できる。

①不規則発言にこう対応

よくある代表例。「やりたくない」「えー」が出たらどうするか。

基本はにっこりとして、スルーをする。

やっていると楽しくなる声が多くあがり、その子もやっていくと意外と「面白い」となる。
「やりたくないかー」と言って進める場合もある。
また、「ではみんなふせて、やりたくない人？　やりたい人？」と聞いて「圧倒的にやりたい人がいるので、やりますね。でも、やりたくない人も少しいますので、少し早めに終わるね」とする場合もありえるし、「じゃあ、無理しなくていいよ。参加したくなったら参加してね」と言って進める場合もある。
あまり、気にしないで進める場合が多い。
なお、私がやっていて「えー」とか「やりたくない」というのをはっきり言う子はあまりというか、ほとんど出ていない。
自分のクラスならばなおさらである。飛び込みでしたり、縦割り班でしたりしているとたまに出ることがある。

②やりたがらない場合にはこう対応

「だれがやりたがらないか」「何人やりたがらないか」「やりたくない理由が納得できるか」「そのゲームが初めての時にやりたがらないか」によって対応は変わる。
何度も述べているが、

男女の接触があるのを嫌がる場合は、教師のゲームのネタ選びが悪い。

その時はそのゲームをするが、早めに終わらせるなどの工夫をする。
やんちゃ君が「やりたくない」などと言ってきた場合は、「やりたくないのか。そうか、じゃあやめるか。やめてほしい人？　やってほしい人？」と聞くこともある。
あきらかに私のゲームを楽しみにしている人が多い場合だ。
みんなを味方にして、進めてしまうこともある。
特別支援児童がやりたがらない場合は、「いけそうならば、参加してね」と言って、参加するのを待ちながら進めてしまう。
まず、どんなゲームかわからないので、不安な場合があるのだ。だから、ゲームを何回かしていて、ルールがわかって安心すると参加する可能性がある。

③じゃまをしてくる場合にはこう対応

これもめったにないが、ゲームをしている時に、やんちゃな男の子がふざけて、同じことを何回も言うことがあった。
例えば、船長さんの命令で「船長さんの命令です。立ちましょう」と言った時に、「立ちません」などである。

基本的にはほうっておく。やっていくうちに、全体がノリにのってきて、その子を相手する暇がないのである。

しかし、それでも言ってくる場合があった。
その時はどうするか。
手立てはいくつかある。

面白がって、そのままにする

面白がって、そのままにする。すると周りがとめるようになる。「やめろや」となることが多い。船長さんの命令が楽しい感じになる時は、そういう言葉が出てくる。
その子は自分で目立っていて楽しいと思っているが、他の子はそう思っていないとき、そしてその子が学級で権力を持っていない時は、この技が使える。

わざと何も言わない場合

わざと何も言わない場合もある。
その時はどうなるか。周りの子どもが「〇〇やめろよ」となる。
そうなる段階のクラスの状況の時に、これを使う。面白いゲームをしている時に、この状況が生まれる。

「邪魔してほしい人、邪魔してほしくない人？」とやる

勝負である。

これは、一気に決着がつく場合があるのだが、その子がふてくされる場合もある。基本、全員が参加してほしい。

だから、やるならば軽いノリでそのように聞くことが大事である。

基本はスルー

スルーして進める場合が私は多い。なぜ、スルーしてもいいのか。

人は、みんながやっていることをやりたくなる。みんなが楽しそうにやっているとその子もやりたくなるものだ。これは、人間の心理に従うので、特別支援学級の子でもおよそそうである。

放っておいて、楽しくしているところをみせ、さりげないフォローをして進めるのが私は一番いいと思う。勝負は最終手段だと思う。

④外に出ていった場合はこう対応

その子がどこまで外に出ていくかである。

廊下に出るぐらいならば、そのままにしておく。

基本しばらくすると戻ってくるからだ。

（繰り返し述べるが、その児童の特性による）

ゲームのトラブルで学校外に出ることは今のところ皆無である。

（あるならば別の対応が必要だが、９割５分、学校外には出ないのでこのゲーム本では詳しくは紹介しない。紙面を使いすぎる）

戻ってきた時にほめる。
戻ってくる時間が短くなったら、ほめるようにしている。

これで、だんだんと出なくなっていく。

ただ、そもそもそのゲームがその子にあっているかを検討する必要はある。絶対に負けるゲームならばしない方がいい。

協力対戦ゲームのように、一緒に負けるのならば大丈夫な場合が多い。

（あくまで教師経験17年目で、私が出会ってきた数十人の特別支援を要する子の対応の中での事例である。いろいろな子がいる。その子に合わせた指導をすることを強く勧める）

⑤ケンカが起こった場合はこう対応

立ち歩かせる時に、トラブルが起こることがある。

例えば、お金持ちゲーム。
友だちにわざとぶつかったり、悪口を言ったりする子がいる。前年度崩壊をしているクラスの場合にそういう子がいることが多い。
こういう子が何人かによって、対応が変わる。
１人から３人ならばその子の近くに教師がついて回ればよい。
（４人以上いるならば、立ち歩かせてのゲームをすること自体を控えた方がいい）
なお、ケンカが起こってしまったら、「いったん違う場所にきなさい」とする。「後で話を聞きます」と言って、とりあえずゲームをして、終わった後に落ち着いてから話を聞くことが多い。
（ケンカ相手が落ち着いていたらそうする。そうでない場合は、普通に事情を聞いて、「どうしたらよかった？」などの普通のケンカ対応をしていくことになる）

これを何回かすると、「喧嘩をすると楽しいゲームが自分だけできなくなって損だ」ということがわかってくるので、よけいなことをする回数が激減していく。

⑥特別支援学級の子がトラブルを起こすからしない、は違う

その子の状況による。
自閉症なのか、身体が不自由なのかによって全然違う。
基本は、できそうなゲームをするのがいい。
しかし、できない時もあるだろう。
それでも、私はたまにはゲームをした方がいいと考える。
というのは、学級をよくしていく大前提として、全体を優先するというのがある。
この人ができないから、しないというのはわかる。わかるから多用はしないが、たまには必要である。
特別支援の子も、みんなが楽しそうにしているから、「やっぱりやってみよう」ということはよくあるからだ。私はよく経験している。
人がニコニコしているのをみて、その子も嬉しくなることもある。
また、クラスの友だちが楽しそうにして、周りの子のストレスが解消されているといいこともある。ストレスが解消される。
時に、その特別支援の子が１、２度、周りの子に嫌な事をしても、周りの子は怒らずに過ごせるということもある。
そのような意味でも、やはりゲームは意味がある。
全員が幸せになる可能性があるのがゲームだ。

（2）ケンカ、トラブルの予兆を察知せよ

①トラブルが起こりやすいかをみとることができるゲーム

船長さんの命令ゲーム、ミャンマーゲーム、握手ゲームの３つを飛びこみで授業をするとする。
どの順番でするか。考えていただきたい。
どのゲームが一番トラブルが起こりやすいかを考えるとわかる。
これは握手ゲームである。接触があるからだ。クラスの仲が悪ければ、嫌がる可能性が高い。
なので、定石としては、船長さんの命令ゲームからするのがいい。
このゲームで、

先生の指示がどれぐらい聞けるか。どれぐらい仲が良いかをはかることができる。そして、この先生と何かをすると楽しいーを提供できるからだ。

船長さんの命令は楽しい。そして、教師の言うことを真剣に聞かざるを得なくなる。聞いていないと失敗する。
「この人の声はどんな声か」「どういう言い方をするか」を子どもがゲーム中に自然と学ぶ。
そして、聞く姿勢ができてくる。

②あいさつできるか、人をさけてないか、接触できるかをみる

教師としては、ここでどれぐらいの仲の良さかをはかる。
船長さんの命令です。「隣の人とこんにちは」をさせる。
ここで、どれぐらいの子ができるかをみる。
恥ずかしそうにしている子、あいさつをしない子をみる。
さらに、班の人、一人一人とあいさつをさせる。
ここでも様子をみる。
また、「立ち歩いて３人とジャンケンしなさい」などを入れてみる。
ここまでができるかどうかがカギである。
ここまでができれば、次のミャンマーゲームはできる。
しかし、これでトラブルが起こるならば、ミャンマーゲームはもちろん握手ゲームはできない。
ミャンマーゲームは、立ち歩いて友だちと勝負するからだ。
（まあ、立ち歩かさせずに、隣や班の人限定とさせる方法もあるが）

握手ゲームは触れ合いがあるので、もし「隣とこんにちは」ができなければ、かなり厳しい。
船長さんの命令ゲームでこのようなことをみとれるのである。

③予兆がみてとれるならば、できそうなゲームに変更する

対教師とのゲームに移行せざるをえない。
例えば、落ちた落ちた改である。（これも中学年までの場合に限るが。）
このように、

> **このゲームができるから次の新たなゲームにしよう、このゲームができないからこのゲームはやめておこうと考えていくから、トラブルが減っていく**

のである。
子どもの反応からトラブルの予兆、できるかできないかを判断する。
これが大事である。
このクラスはよくトラブルがあるから、ゲームはできないと一概に決めない方がいい。
絶対にできるゲームはある。そもそもコンピューターのゲームができるならば、何かしらの工夫をすればできるものである。

（3）失敗に強くなったことをほめよう

いくら子どもの仲良し段階に考慮したゲームをしても、トラブルは起こるものである。
それは仕方がない。しかし、それを仕方がないで終わらせるのはもったいない。成長のチャンスとする方がいい。

①特別支援児童Ａ君の成長

トラブルをよく起こす特別支援児童のＡ君がいた。彼は、負けをなかなか受け入れられない。じゃんけんで負けても本気ですねるぐらいである。百人一首をしても負けたら、もうしないとなる。
ならば、ゲームをしない方がいいか。そんなことはない。
彼は自分のできそうなゲームには参加した。そして、ミャンマーゲームはなんとかできた。ミャンマーゲームならば、負けても怒りは少なかった。

仮に３回ぐらい負けて、一瞬、隅に行ってやらなかったがしばらくするとまた対戦するようになった。私はそれをみていた。

しばらくしてミャンマーゲームを終わらせる。席につかせる。

私は以下のように言った。

みんなミャンマーゲーム上手でしたね。
とっても楽しそうにしていて嬉しいです。
ところで、いつも言うけど、先生がこのようなゲームをするのは、ただ楽しいからだけでなく、みんなが仲良くなるためにやっています。
そして、もう一つあります。それは負けに強くなる、すぐに次に切り替えられる力がつくようになるからです。
ミャンマーゲームで負けて悔しい場合あるよね。
でも、まあいっかと思って、次にすぐにやる人がいますよね。
それはね。すごく素敵な力なんですよ。負けをひきずらないからね。
さっき、ある人が負けていやだなあと思っていたんだけど、しばらくしたら回復してまたやりはじめたんですよ。先生はみていてすごく嬉しかったです。成長したなあと思いました。
そういう負けを受け入れられる、すぐに切り替えられることができるということは、勉強の時も同じだからね。勉強を間違えた、でも気にせず次、頑張ろうとなるからね。
そうすると勉強ができるようになっていくよね。

そして、休み時間や次の時間の時にその子をほめていった。

このようなことを大小で何十回とやっていくと、その子は自然と負けを受け入れられるようになっていった。

②微妙な判定でのトラブルから「まあいっか」を教える

キャッチなどのゲームはセルフジャッジである。

左手のわっかをせまくして、相手を逃げにくくする子がたまにいる。

そこでトラブルが起こることがある。事情を少し聞く。

その時の様子によるが、「じゃあ、わっかは大きく広げようね。先生が見てあげるからね」と言う。

そして何回かやらせて成功させる。

そうしてから、「おっ、Ｂ君いいね。それぐらい広げるといいんだよ。ナイスです」と言ってほめる。

微妙な判定の場合は、教師が「こうしたらいいよ」と言ってほめることが多い。そして、できたら後でほめるのである。

こういうことの連続で「まあいっか」や「ちゃんとする」を強化できる。「まあいっか」「ちゃんとする」を強化できるとトラブルは格段にへる。ゲームによって、成長させるとはこういうことである。

（4）五色百人一首で支援を要する子も満足

①五色百人一首で満足させ、トラブルに強くする

五色百人一首は非常に優れている、なぜ優れているか。

それは、学級経営をする上で必要なものがいくつもあるからだ。

①だれにでもできる。勉強がしんどくても文字が読めればできる。
②すぐに試合が終わる。次の試合にすぐにうつるから、切り替えざるをえない。切り替え力がつく。
③負ける人が半分近くいるので、自分１人だけではない。
④練習をすれば、勝てるゲームである。
⑤先生の声を聞く練習になる。
⑥手がふれあうので、接触が恥ずかしくなくなる。ふれあいのあるゲームがしやすくなる。
⑦お家の人も百人一首ならば、学習ゲームだからいいと思う人が多い。
⑧中学、高校でも必ず出る教材なので、子どもも意欲的にできる。
⑨早く動くくせがつく。片づけ、準備など。
⑩負けてもなんとも思わなくなる習慣がつく。
⑪ビジョントレーニングと同じような効果がある。
⑫数秒だけだが、本気になる体験ができる。

すぐ思いつくだけでもこれだけある。

これを使うことで、特別支援学級を要する子だけでなくて、全ての子にいい効果を与えられる。いろいろな面で成長する。

しない手はない。

なお、五色だからいい。１色20枚で、１試合が２分ぐらいで終わるからだ。

②乗り越えた後にほめるから、プラス行動が強化される

五色百人一首をしていてもトラブルは起こる。しかし、五色百人一首でのトラブルは乗り越えさせやすい。そのゲームの性質もある。

大事なことは、

乗り越えさせた後に、ほめるのである。
「切り替え早くなったね」「ゆずるの早くなったね」「負けてもいらいらしなくなったね」などである。

ぜひともたくさん、ほめていただきたい。
乗り越えさせるためには対応が必要となる。
いくつかの百人一首のトラブル例と私の対応例を示す。

先に触った、触っていないでのトラブル

百人一首を先に触れた、触れてない問題で初期はトラブルが起きる。手が下にある場合はいい。しかし、そうでない場合は微妙である。
そこでトラブルが起きた場合は「もう、わからない場合は正直じゃんけんでいいのではないですか。そこでずっとやっていると、次の札がとれませんよ」と言う。
それに従えばほめる。従わなければ「じゃあ、そこで話し合っておいてね」とする。ほうっておいてもいい。いずれ、参加することがほとんどである。その時にまたほめる。

負けた後に片づけない問題

悔しくて片づけられない子がいる。特別支援を要する子に多い。
それはほうっておく。教師が片づける場合があってもいい。
しかし、何もしなくてもだれか優しい子が片づける場合がほとんどである。その時は終わった後にほめまくる。「人の分までやってえらいね」と。そしてしばらくしてから「いろいろと負けて悔しい思いはあるけれど、きちんと片づけを頑張っている子がいるね。えらいね」とほめる。
「世の中は悔しいことが必ずある。しかし、それでも役割を果たすことが大事だ」という話を事あるごとにしていき、できるようにしていく。

負けて悔しくて次の試合をしない、あるいは外に出る問題

様子をみることが圧倒的に多い。
無理をして、説得してさせることはまず難しい。
その日は無理だけど、次の日に参加することが多い。
で、そうやっていくと、たまに負けても２試合目に参加する日がある。
その時こそが、チャンスである。大いにほめる。

百人一首やゲームごとに負けて悔しいことあるよね。
でも、それでも、次の試合にきちんと参加したりあいさつをしたりできる人いるよね。大変すばらしいです。

世の中生きているといろいろなことがあります。勝ったり、負けたり。
勝って自慢をしないのも素敵ですし、負けて、すねたりしないのもまた素敵です。心が強くなっている証拠です。すごいなあと思います。

と言う。このようなことの積み重ねで、負けを受け入れられるようになっていく。いろいろなゲームでふてくされなくなっていく。

③支援を要する子にはこう対応する

特別支援児童の場合の配慮も必要だ。

先生が勝負をするのがいい。「札を読んでいる担任が勝負をしてあげる場合は、読みながら取りながら」という形である。

当然、本気を出せないので担任は負ける。あるいは、わざとゆっくりやってとらせてあげる。特別支援の先生がいる場合はその先生と勝負をしてもらう。そしてわざと負けてもらう。
あるいは、その特別支援の先生とタッグで友だちと勝負をする。
（これはみんなに了承を得て。その子が嫌がらない場合に限るが）
いろいろな手立てが考えられる。負けるからしないは、その子の成長を制限する。私はそう考える。

(5)「ドンマイ、大丈夫！」からの学級経営

①優しい子を見つけた時が指導のチャンスだ

対戦協力型、協力型のゲームをすると必ず、友だちが原因で負けることがある。その時に、何を言うかを指導することで、クラスの仲はぐっと良くなる。
３人組じゃんけんをした時のことだ。同じものを出さないといけない。
一つ目の手は通常、間違えない。
しかし、あいこがくるとたんに、次の手で間違えやすい子が出る。
必ず間違える子がいる。
その時に、どのように周りの子が対応するのかをみるのが大事だ。
たいていの場合、何も言わない。

たまに、「大丈夫だよ」とか「気にしないで」と言う子がいる。
そういう子がいた時は、学級での成長のチャンスだ。

しばらくさせてから、止める。全員をその場で座らせるのだ。

②具体的な上に具体的にほめて広げる

座らせた後に、全体に言う。

さきほど、先生はえらいなあと思う人を見つけました。
このゲーム、たまに間違える手を出してしまう時があるよね。
その時に、友だちが間違えても責めない人？
何間違えてるのとか、お前のせいで負けたとか言っていない人？
すばらしいね。
先生ね、そういうふうに人のせいだけにしないだけで、えらいと思うけど、さっき「大丈夫やて」とか「ドンマイ」みたいな感じで励ましていた人を見つけました。超すばらしいなあと思いました。
そういうふうに言われると間違えた人どう思う？
近くの人に言ってみて。（話し合う）
指名なしでどうぞ。
（とても嬉しいです）
（私も同じように言われて嬉しかったです）
こういう人が多いクラスと少ないクラスどっちにいたい？（挙手確認）
そうだよね。やはり、安心できる言葉を言ってくれる方が嬉しいよね。よくわかります。

と、このようなことを入れる。そして、次のゲームを入れるとどうなるか。
ものすごく、プラス言葉や応援、励まし言葉が増えるのである。

③とことん、励まし、応援を強化する

しかし、これで終わるとものすごくもったいない。80点で終わった感じである。120点にしたい。
再度ゲームをやらせた後に、子どもに指名なしで感想を言わせる。そうする方がいい。
また、通信で取り上げる。
そして時に、テーマ作文などの感想文に「よく励ましてくれる人」というテーマでとりあげる。
そうすることで、子どもたちはさらに強く励ましや応援を意識をするようになる。
こういうことの繰り返しで、子どもたちは人を安心させる言葉を習得していき、クラスが良くなっていくのである。

Ⅳ

意図したゲームが学級を救う
～よいこと起こる秘密～

1　気が付けば“あのやんちゃ”が命令通り？　山本ゲーム　ここでこう活用する

「楽しいことを経験させて教師の権威を打ち立てる！」

和泉市立北松尾小学校　永野拓

荒れた学級では、大人への信頼が非常に低くなっている。そこでゲームを活用する。教師の指示通りに動けば「楽しかった！」という経験をさせることで、教師の権威を打ち立てるのだ。

1　「船長さんの命令」で指示を通す

荒れた子達に１番大切なこと。
それは「教師の指示を通すこと」だ。指示通りに動けば得をする。そんな経験を積ませたい。
通常は指示通りに動く子を褒めることで、それを経験させていく。
しかし、荒れた子達は褒められても、教師の言う通り素直に動くのがいやなのだ。
そんな時にオススメのゲームがある。「船長さんの命令」だ。
ルールは、以下だ

①「船長さんの命令をします」と教師が宣言する。
②「船長さんの命令、と言った後に言われた行動をしなさい」と指示を出す。

このゲームを隙間時間に行う。山本先生も以前に、

「指示を通すという意味でも、４月にこのゲームをすることに意味がある」（文責　永野）

という趣旨のことを話されていた。
荒れた子達は「やらされること」が大嫌いだ。
４月や９月などの学期の変わり目などは、特にその雰囲気が強くなる。
しかし、ゲームが持つ「楽しさ」が、やらされ感や強制感を減らしてくれる。
このゲームのポイントは、

①教師が主導で行うこと。
②テンポよく命令を出すこと。
③上手く子ども達をひっかけること。

にある。

よくこのゲームを子ども主導で子ども達にさせている場面をみる。
しかし、大抵は失敗する。なぜなら、教師のように子どもではテンポよく命令を出せないからだ。
さらに、教師の指示を通すためという趣意から離れることにもなる。しかも、上手に子ども達をひっかけないと飽きてくる。
鉄板の引っかけ方として、

船長さんの命令、手を上にあげて。船長さんの命令、手をグルグル回して。船長さんの命令、スピードアップ。船長さんの命令、もっと早く、もっと！！　ストップ！！

とジェスチャーも交えてすると、ほとんどが引っかかる。
そして、たくさん引っかかった後は、

じゃあ、終わりましょうか。はい、座ってください。

とやると、大抵が座ってしまう。
この引っかけ方も鉄板である。
あとは、山本先生の引っかけ方も絶妙だ。これは、ライブでないと伝わらない。
是非、山本セミナーに出て、ライブで見ることをお勧めする。

2 「番町さらやしき」で触れ合いを増やす

触れ合いをつくるという意味では、「番町さらやしき」がお勧めだ。
ルールは以下の通り。

①班のメンバーで向かい合って座り、手を出す順番を決める。
②教師が「お皿１枚」と言うと１番目の人が手を置く。
③「お皿２枚」「３枚」と言うごとに２番目、３番目の人が手の上に手を置いていく。
④「パリン」と言ったら、次の番の人が乗せられた手を思い切りたたきにいく。

荒れた子達は、男女の触れ合いを嫌がることが多い。ゆえに握手やハイタッチがなかなかできない。
しかし、このゲームの場合、「スリル」が手を置くという行為に打ち勝つために、違和感なく子ども達も手を触れ合うことができるのだ。
教師が「パリン！」と言うと、子ども達は「きゃ～！！」となって手を引っ込める。
間髪を入れずに、「お皿１枚～！」と２回戦を始めると、子ども達の盛り上がりが続く。
通常２～３回戦程度で終わると飽きずにできる。

1 気が付けば“あのやんちゃ”が命令通り？　山本ゲーム　ここでこう活用する

「楽しい雰囲気で『話を聞くと得をする』を体感させるゲーム」

西宮市立用海小学校　笠原路也

「先生の話をよく聞きます」と前置きをして話の途中で注意しなくても、楽しみながら子どもが話を聞くようになる。落ちた落ちた改を通して聞くスキルも自然と指導できると感じた。

1　「落ちた落ちた改」で子どもが楽しくなる

話を聞くことにあまり集中していない。そんな時はゲームを通して「聞くと得をする」という機会を意識して作る。

おススメは落ちた落ちた改だ。

ルールは、以下。

①落ーちた、落ちた。（何が落ちた）で通常通り、落ちた落ちた改をする。
②りんご・かみなり・げんこつの通常バージョンをする。
③赤ちゃん（抱きかかえる）を追加する。
④爆弾（拾ってなげる）を追加する。
⑤ガラス（よける）を追加する。
⑥１万円（ジャンプキャッチ）を追加する。
⑦動きと言葉のフェイントをたくさん入れる。

このゲームは準備がなく、どの学年でもできるような簡単なものだが、高学年でも楽しむことができる。

①動きのバリエーションが増えるとより間違えないようにするので、教師に注目をして聞こうとする。
②「失敗してもよい」ことを暗に伝えられる。

バリエーションは子どもたちと考えてもよい。オリジナルを作ると楽しくなる。

４月に通常の「落ちた落ちた改」をしていたとすれば、例えば２学期の最初など期間が空いていてもすぐにできるゲームである。このゲームのポイントは、

①教師主導で間を取るなど注目シーンを作る。
②テンポよくだんだん早くする。

③動きと言葉を変えて子どもをひっかけさせる。

(何が落ちた)の後、意図的に間を取る。間を取ることでさらに子どもたちは教師に注目するようになる。
テンポよく進めていくと間違える子が出てくる。さらにスピードアップをすると間違える子が増える。変化のあるくり返しである。基本的には子どもは何事も間違うことを避けようとする。失敗はダメだと思うからだ。
大人も同じだ。
しかしこのゲームでは間違えても楽しくなる。むしろ、間違えたことも楽しくなるのだ。それが恥ずかしくない雰囲気が自然と生まれる。教師に注目させるだけではなく、暗に「間違えてもいい」ということを、ゲームを通して伝えることができる。
山本先生は以前、

「意図を持ってゲームをすることで押しつけずに指導できる。」(文責　笠原)

とおっしゃっていた。まさにこのゲームはそうである。

2　接触が少ないからよけいに楽しみやすい

また、このゲームは基本的に全く人との接触がない。そのためクラスの状況をあまり選ばないところも良いところである。
荒れていなかったとしても、関係性が良くなければ子どもたちは接触を嫌がることはよくある。無理に接触をさせるよりも、「楽しい」を優先することで、子ども同士の関係性が良くなっていく。
そのような視点で考えてみて、特に学期初めには取り組みやすい。一斉指導のような形なので、もしも接触をさせようとするならば、ハイタッチや握手をさせるなどのバリエーションもできる。
山本先生は動画内でも楽しそうにしている。ニコニコしながらゲームを進め、子役の動きを見ながら温かく笑っている。
これも隠れた重要ポイントだ。

教師も楽しみながらすることで、その雰囲気が広がっていく。

ゲームが持つ楽しさと教師も楽しんでいることがかけ算のように関わっている。
以前教室に間違えることを極端に嫌う子がいた。漢字の空書きでも間違うことが嫌なのでそもそも取り組もうとしない。しかしこのゲームでは、間違っても他にも間違っている子がいたり楽しい雰囲気にのまれたりして気にしていないようであった。
だんだんと間違えても平気になっていった。
「失敗してもいい」と言葉だけで伝えるよりもゲームを通して伝えることの方が、自然と子どもに入っていくことを実感した。
ゲームを学級に生かすとはこういうことなのだと実感した。

1 気が付けば“あのやんちゃ”が命令通り？　山本ゲーム　ここでこう活用する

「『プリンをうばえ』で、超楽しく仲良く暗記学習！」

大阪市立豊仁小学校　松下隼司

早い者勝ち、とった者勝ちの「プリンをうばえ」は、子どもに大人気のゲームだ。「プリンをうばえ」を活用すれば、国算理社などの重要語句を、遊び感覚で楽しく覚えさせられる。

1　「プリンをうばえ」で、楽しく聞かせ、短く復唱させる

「プリンをうばえ」のルールは、以下だ。

①隣同士の席の２人組でする。
②２人の机の間に、消しゴムを１つ置く。
③教師が「プリン」と言ったら、相手より先に消しゴムをとる。
④「おにぎり」「やきそば」「カレー」などのフェイントを入れる。
（教師が「おにぎり」と言ったら、子どもは「おー」と言う）

山本氏は、子どもの様子に合わせて、１つずつルールを加える。

例えば、教師が「プリン」と言っても、全く反応できない子どもがいれば、「おにぎり」のフェイントを入れない。「プリン」だけを「プルン」や「プンプン」と楽しく変化をつけてルールを教える。

子どもを見て、子どもファーストで楽しく少しずつルールを入れる。

このゲームのメリットは、以下だ。

①子どもが、教師の言葉をよく聞くようになる。
②子どもが、教師の言葉を短く復唱する。
③１試合が 20 秒以内なので、隙間時間でもできる。
④消しゴムがあれば、すぐにできる。
⑤早い者勝ち、とった者勝ちで、子どもが熱中する。

上のメリットを、国算理社などの重要語句の暗記に活用する。

2　「リサイクルをうばえ」で、楽しく覚えさせる

４年生の社会科で、ごみ処理について学習する。

「リサイクル」「リデュース」「リユース」という言葉が出てくる。
言葉の意味を教えたら、「プリンをうばえ」を活用した「リサイクルをうばえ」というゲームをする。
ルールは以下の通り。

①隣同士の席の２人組でする。
②２人の机の間に、消しゴムを１つ置く。
③教師が「リサイクル」と言ったら、相手より先に消しゴムをとる。
④教師が「リユース」と言ったら、「ユー」と言って右手をあげる。
⑤教師が「リデュース」と言ったら、「デュー」と言って左手をあげる。

慣れてきたら、言葉の意味を言うようにする。
例えば、教師が「使いまわす」「バザー」と言ったら、子どもは「ユー」（リユース）と言って右手を挙げる。教師が「エコバッグ」「詰め替え用シャンプー」と言ったら、「デュー」（リデュース）と言って左手を挙げる。
機械的に覚えるのが苦手な子どもも、体を動かしながら、友達と楽しく遊びを通して、言葉を覚えられる。
他の教科の重要語句にも活用することができる。

①「台形をうばえ」（平行四辺形・ひし形・台形）
かけ声→「へー」・「ひー」・「だー」
②「謙譲語をうばえ」（尊敬語・丁寧語・謙譲語）
かけ声→「そん」・「てい」・「けん」
③「信長をうばえ」（織田信長・豊臣秀吉・徳川家康）
かけ声→「おだ」・「とよ」・「とく」
④「支点をうばえ」（力点・支点・作用点）
かけ声→「りー」・「しー」・「さー」
⑤「フォルテをうばえ」（フォルテ・メゾフォルテ・ピアノ）
かけ声→「フォー」・「メゾ」・「ピー」

授業で重要語句を教えるたびに、子どもから「やったー『プリンをうばえ』だー」と声があがるようになる。覚えるのが苦手な子どもほど、授業で重要語句を習うのを楽しみにしてくれるようになる。
授業の後半、子どもが疲れてきたときや、授業のまとめでこのゲームをするのがおすすめだ。楽しく授業が終わる。
また、ハンデをつけるのもおもしろい。
勝つたびに、消しゴムを負けた人に少しずつ近づけていく。勝ち続けると、とても遠いところから消しゴムをとることになる。他に、強い子どもは、自分から消しゴムに遠い方の手でとるというハンデもある。強い子どもは、それでもとろうとする。
ゲームが強い子どもも苦手な子どももさらに熱中する。

1 気が付けば“あのやんちゃ”が命令通り？　山本ゲーム　ここでこう活用する

「帰りの会での『揃った！』で達成感を与えクラス力アップ」

高槻市立芥川小学校　鶴田裕一

揃った感覚を味わわせると一体感と達成感を味わわせることができ、クラスの仲がぐんと良くなる。握手ゲーム、テレパシーゲームがとても有効だと感じた。

1 「握手ゲーム」で楽しく帰らせる

帰りの会は、普通に挨拶をして終わってもいい。だが、時には変化を加えたい。そんな時にオススメのゲームがある。

握手ゲームだ。

ルールは、以下だ。

①握手する。
②何回手をふるか決める。（１回、２回、３回のどれか）
③せーの、手をふる。
④そろえばＯＫ。

このゲームを帰りの会の時に使うのだ。

早く帰りたいという気持ちを利用して、

あることが達成できたペア、チームから帰ってよいとすると達成時の喜びが大きい。

喜びを共有することになるので、教育的価値も大きい。

特に荒れたクラスほど、クラスへの愛着が少ない。

つまり、一緒に何か楽しい時間を共有した時間が少ないのだ。

それを初期の頃はゲームで補っていく。

ただし、前提条件がある。

握手を伴うので、ある程度関係ができた学級でないと難しい。

最初は、隣同士ではなく、班の人だれか、など自身で選択できるようにするなどの工夫をおこなう。クラスができあがってきたら男女でもできているペアを褒めて強化していく。今では、男女関係なくできている。

2 「テレパシーゲーム」でも楽しく帰らせる

握手ゲームは、接触がある。クラス状況によっては難しい場合もあるだろう。
そんな時にオススメのゲームがある。テレパシーゲームだ。
ルールは、以下だ。

①かけ声を練習する。（テ、テ、テレパシー）
②出す数字を決める。（1、2、3、4、5の中から。2の場合、指2本をじゃんけんのように出すことになる。）
③ペアの子と「テ、テ、テレパシー」と言う。
④「シー」の時に、同じ数字で揃えばOK。

握手ゲームと違い、接触がなく抵抗感が少ない。前年度荒れていたなど、クラスの仲が極端に悪い場合でも抵抗感なくすぐに行うことができる。
班など、大人数で行ったりすることも可能である。

先ほどのゲームより、より揃う確率が低いので、揃った時の達成感は大きい。

揃わなくてキレやすい子がいるならば、「1、2、3」
「グー、チョキ、パー」だけなどの工夫もすぐにできる。
「1、2」「グー、パーだけ」ももちろん可能である。
クラスの仲が良くなってきたら、達成時にハイタッチなどの接触を意図的に作っても良いだろう。
私のクラスも男女関係なく大盛り上がりで、隣のクラスの子たちが驚いて覗くほどであった。
子どもたちの笑顔が増えてくると、教師の言葉がけも変わってくる。「○○学級は、楽しいね！」「みんなが笑顔で嬉しいな！」など、クラスへの愛着が高まる言葉も自然と増える。
子どもたちも教師の言葉や笑顔によって、クラスへの愛着を徐々に高めていく。
初期の頃は、「頑張った分だけ楽しい時間をとるよ」と予告しておく。
そして、何か少しでも頑張ったところを見つけた時に、このように伝えている。「あなたたちが頑張っていたからこのような時間をとったんだよ。先生も楽しいよ。ありがとう」などの言葉がけもゲームと合わせて行うことで、子どもたちの学級への愛着は高まっていった。
山本東矢氏から学んだゲームを通じて、達成感を楽しく共有させる、クラスの愛着を高める、第一歩となることを学んだ。

1 気が付けば“あのやんちゃ”が命令通り？　山本ゲーム　ここでこう活用する

「『～しなさい』を言わなくていい良い行動あふれるゲーム」

東大阪市立くすは縄手南校　大野敦雄

「握手しなさい」「話し合いなさい」と注意しなくても、子どもが楽しんで行動をするようになる。お金持ちゲームを通して子どもが仲良くなるだけでなく、スキルも身につけさせられると感じた。

1　お金持ちゲームで子どもが仲良くなる

いつも話す人が一緒。男女であまり話さない。そんな時はゲームを介して交流する機会を意識して作る。オススメのゲームがお金持ちゲームだ。

ルールは、以下だ。

①１人３枚、お金に見立てた紙を配る。
②２人でじゃんけんをする。
③負けたらお金を１枚、勝った人に渡す。
④お金が全部なくなったら先生にもらいにいく。
⑤先生が「座りましょう」といったら、その場に座る。

このゲームは教室でも使えるが、委員会活動の初回など、初めて会う子たちが多い状況でも使える。と山本先生が話されていた。

お金を増やしたいという思いがあるので、自らたくさんの子と交流しようとする。

このゲームの良い所はじゃんけんだけで終わらないところだ。

握手をしてからじゃんけん。自分の名前を言ってからじゃんけん。など、会話の量をどんどん増やしていける。例えば、夏休み明けに○○に行ってきました。と言わせることもできる。

ただ､注意点もある。クラスの状況によってどんな活動を入れるかを選ぶことだ。６年生の最初に「握手しましょう」は抵抗が大きい。時期を見極めることは山本先生がよく言われていることだ。

途中で今一番たくさんのお金を持っている人を確認し、少ない子はもらいにおいでと言っているのもポイントだ。子どもの中には、途中でもう絶対に勝てない。とあきらめてしまう子もいる。これをすることで逆転できるかもと思える。細かいが大切な点だ。

2　お金持ちゲームでスキルも教える

山本先生が動画内で入れたスキルは以下の２つだ。

①「座りましょう」と周りに広める。
②両手でお金をもらう。

できている子を見つけて、褒めて、ボーナス（お金）を渡す。ボーナスが欲しいので、子どもたちの行動が良くなる。

これを応用すると、他のスキルも教えられると感じ、クラスで実践してみた。

例えば、

①相手の目を見て話せていた。
②先生が話している時に先生におへそを向けていた。
③子どもがお金を渡す時に「はい、どうぞ」と言っていた。
④子どもがお金をもらう時に「ありがとう」と言っていた。
⑤握手の時、笑顔だった。
⑥先生からお金をもらう時に「イケメンの大野先生、お金をください」と言っていた。

ポイントは、一気に入れすぎないこと。たくさん入れるとやらされ感が強くなる。ゆっくり入れていけばいい。

以前、負けを認められない子がいた。じゃんけんで負けただけでパニックになった。このゲームを通して、負けても違う所でボーナスがもらえると分かると喜んで参加していた。しだいにじゃんけんで負けても平気になった。負けの耐性ができてきたからだろう。ゲームを通して、このような子どもの変化が見られたのは嬉しかった。

山本先生は右のようなお金を使っていた。１山の１は１点。３山を数枚作り、１枚３点としてもゲームの幅が広がりおもしろい。

一度作ってしまえば何度も使い回せる。私も真似て作った。（大野なので１大）形はどんなものでもいい。各自好きに作るのが良いが、ワードデータをアップしているのでダウンロードし、すぐにご活用いただけたらと思う。

2 山本が語る「ゲームと学級経営」 (サークル員からの質問に答える)

ゲーム指導のノウハウや ゲームをよい学級にするための方法を語る

1　ゲームベストスリーは何ですか

やっぱりすぐできるミャンマーゲームとか船長さんの命令とかキャッチとかですね。

他の対戦型のゲームも僕は好きですね。

対戦型のゲームはすぐできるのがメリットです。

協力型は学級がある程度育っていないとできないのでベストには入らないですね。

でも、いいゲームもたくさんあります。特に、協力くぐりぬけゲームは好きですね。応援が増えやすいので。

2　ゲームのステップはどうやって思いついてるのですか

とりあえずいっぱいやっていきました。

やっていてこれは説明が多いゲームだなぁっていうのに気がつきます。

それで、自分で１なになに、２なになに、３なになにと考えていきました。

そして削っていった形ですね。

基本的に１番わかりやすいのは、見本をすることなんですよ。

ただ見本を教えるまでが面倒くさいです。

そうやっていろいろと考えていって、やっていくうちに、１時に１事で少しずつ教えていくのがよくわかってくれるなあと実感しました。

そして、説明を削っていって、今の形のゲームのステップを思いついていきました。

長年かけてやりました。

3　ゲームをするのが多い月はいつですか

多い月はやっぱり４月ですね。

あと、５月も多いです。

曜日は月曜日が多いです。ちょっとだらっとしていますので。
で、学級が良くなってきたらあまりしません。
だから11月は全然しないですね。百人一首とかはしますけど。

4　紙に事前に何をするか書くのですか

決めてる時と、決めてない時がありますね。

4月は多少は決めることが多いです。3つぐらいのうちにどれをするかを決めていますけどね。
船長さんとか、ミャンマーゲームとか。
でも少し時間があってゲームしようかなというときは、紙を見て適当に判断してやりますね。
見開き2ページでゲーム一覧のページが備忘録にあります。それを見てやります。

5　ゲームをする予定でやめることがありますか

前の時にちょっと怒ったりとかした時は、ご機嫌をとるみたいでいやらしいのでゲームをする予定でも、しない時もあります。
ちょっと雰囲気重いからやめとこうと。
学年が低ければやりますが、高学年はやらない場合もあります。
ですので、

教師が強く指導をした後に、しない場合があるぐらいで、基本はやります。

ケースバイケースですね。

6　新しく知ったゲームを全部やるのですか

新しいゲームに出会った時にこれやってみようっかなっていう判断基準ですね。
はい、確かに新しいゲームを知って、これちょっとめんどくさいなとかできないなぁと思うやつはあります。
時間がかかりすぎるとか、あまり盛り上がらないだろうなあというものはしません。

だから、全部はやりません。いいなあと思ったゲームをやります。

7　最近教えてもらったゲームで面白いのはありますか

最近、隣の先生に教えてもらったゲームがあってこれ面白いですよ。

ちょっとやってみていいですか。

「名前あげゲーム」をします
笠原先生こんにちは。山本東矢です。
笠原先生、同じように自己紹介してください。簡単に。
（山本先生こんにちは。笠原みちやです）
そして、「チェーンジ」と言って、ハイタッチ。
（ハイタッチをする）
はい。今、名前が変わりました。
私は、笠原君です。あなたは、山本君です。
はい、松下先生こんにちは。
僕は、笠原みちやです。（本当は山本東矢その人）
意味わかりましたか？
チェンジしたら、名前をあげるのです。
そして、そのまま、自己紹介をしていくのです。
では、やってみましょう。はいどうぞ。
（自己紹介をして、名前チェンジがはじまる）
（１分ほどさせる）
では、ストップ。確認をしますよ。
松下君。（はい！と笠原君が答える）
笠原君。（はい！と大野君が答える）

という、ゲームですね。
で、これ子どもが名前を忘れるんですよ。
笠原君が２人いたり、３人いたりするんですよ。
そして、行方不明者も出てしまいます。
「あれ、松下君が消えた」
みたいになります。大爆笑になります。
それが面白いです。これは使えるいいゲームだなと思いました。

8　先生はゲームで失敗をしたことがあるのですか

ありますよ。なお、失敗といっても３段階ぐらいあると思います。

１段階目は、全体的にはうまくいっている。
しかし、特別支援の子を含む１、２人が楽しそうでない。
２段階目は、ゲームをしてもけっこうどんよりしている。
「こんなんいやや」という子が出る。

3段階目は、ゲームが全然進まない。途中で止まる。
子どもたちが嫌がってしない。5人以上いる。

これでいうと2段階目、3段階目の失敗はまずありません。
でも、

1段階目の失敗はいっぱいあります。
また、細かな失敗はいっぱいあります。

指示の言い間違えとか。
やらせてみて、うまくいかず「ごめん、教え方間違えた、もう1回やるで」とかいうのもあります。
でも、全体としては進むので、大きな失敗はないですね。
特別支援学級の子がやらないとかはありますけど。
基本的に全体をよくするためにゲームしているので、全体は流れていきますし、みんなが楽しい雰囲気になります。
でも、そういう失敗は決して無駄ではありません。
特別支援の子で教室を飛び出る子の嫌いなゲームがわかってきたら、『じゃあ次はこのゲームをするのはやめとこう』というようにして、修正していきます。
全部試してみるのがいいと思います。
そして、失敗をしたら、何で失敗するのかなと考え続けるのがいいです。
そうして、接触があるからだ。前提条件を考えていなかったからだとなっていきました。
やって、失敗しないとわからないことがたくさんあります。
失敗は大切です。

9　ゲームでのアセスメントをしているのですね

多分そうです。
2人組を組ませるのが3分かかるのでしたら、このゲームはできないとかわかりますね。
1分以内ならば、まあ仲がよいので、このゲームはできるとかあります。例えば、接触ありのゲームできるなとかです。
ちなみに、なんで1分以内で組めると仲がいいのかというと、1分で組むためには、友だちを選んではできません。友だちを選ばずに組むことが大事です。
また、組んだ後に、静かにしたり、他の人が声掛けしたりしないと実現不可能なのです。
だから、そういうことができるかをみて、するゲームを変えることはあります。
これは、授業でいうと、この問題は難しすぎるから、書かせないで隣に意見をいわせて、意見をもらうに切り替えて、教室の雰囲気を落とさないようにしようというのと同じです。
もちろん、あえて、考えさせるために、書かせるということもありますが、1時間目だから、やめとこうとか、3時間目だからいけるだろうというのもあります。

子どもの雰囲気で変えることはよくあります。
話が違う方向にいってしまいましたが、

アセスメントはしていると思います。
子どもの状況をみて、何をするかを考えることをしていますので、とても大事なことだと思います。
これは、たくさんたくさん失敗して身についてきた考えです。

10　まったくはじめての１年目の先生はどういう手順でやればいいですか

以下の手順を踏めば安全です。

①まずは、教師自身が映像をみて、ゲームをつかむ。
②自分で声にだして練習をしてみる。
③休み時間に５人ほどよんで教える。
④本番のときに、見本をやってもらう。
⑤見本を３回はやってもらう。
⑥「このようにします。やってみよう」と進める。

おそらく、私がやったように、見本なしでは進めるのは難しいと思います。
何回もやっていくと意味がわかっていくと思うので、はじめは見本を出してやってみてください。
ようは、みんなにゲームの意味がわかり、できるようになればいいのです。
一度、先生がやってみれば意味がわかりますよ。
これらのゲームは、とっても楽しいです。
ぜひともやってみて、子どもたちを楽しませてあげてください。
そして、子どもたちと一緒に楽しんでください。

あとがき

ゲームをただするだけでは、もったいない。
学級を良くする起爆剤にする必要がある。
また、ゲームも学級の段階にあわせてレベルアップさせる必要がある。
例えばテレパシーゲーム。
ハイタッチをして、「イェー」となるが、

その時に、最も盛り上がっているところをとりあげる。

「すごく楽しそうにやっているね。とってもいいね」とほめる。
そして、再度させる。
するとより盛り上がって、楽しい雰囲気になる。
そういうことをちょくちょく、

学級の仲の良さの段階によって、入れていくことによって、学級の雰囲気は格段に良くなる。

本書は、今までのただのゲーム紹介本とは一線を画したものにしたかった。
それは、ゲームの種類別に分けたこと、段階別指導を入れたこと、初期の指導を入れたこと、解説で前提条件についてふれていること。そして、動画を入れたことだ。
ベテランの先生になると、「このゲームはまだこの子達には早いな、トラブルが起こるな」という感覚が敏感になる。しかし、経験が浅い先生はそうはいかない。
私はものすごく失敗を経験してきた人間である。
けっこうつらいことも多かった。せっかく意気込んでゲームをやってもらったのに、失敗するなんて寂しいことはない。
よろしければ本書を読んでいただき、ポイントを押さえた指導をしてほしい。より子どもを楽しく、仲良く明るい学級にしていただければと思う。
本書は、３作目の単著である。
ぜひとも今までの２作と合わせて読んでいただければと思う。
私の意図がよりわかっていただけると思う。
本作は絵を妻の尚子に担当してもらった。毎晩コツコツと描いてもらい、本当にありがたかった。
また、ゲームの様子を撮影するために、たくさんの先生がたにご協力をいただいた。
そして、樋口雅子編集長には今回も大変お世話になった。
たくさんの方に助けていただいて、今の自分があり、本作がある。心よりお礼を申し上げる。
ありがとうございました。

令和元年７月23日
夏休みの朝、箕面駅に向かう電車の中で、パソコンを膝の上において

山本東矢

◎著者紹介

山本東矢（やまもと　はるや）

1978年　兵庫県生まれ
2002年　3月　四天王寺大学卒業
2003年　4月　大阪市小学校勤務
現在　大阪府箕面市立豊川北小学校勤務
TOSS大阪みなみ代表
全国の教育セミナーで学級づくり授業づくりを中心とした講座を務める

〈著〉「次世代教師シリーズ　道徳を核にする学級経営―担任の趣旨説明222文言集
―子どもの自立活動が育つヒミツ―」（学芸みらい社）
「最高のクラスになる！学級経営365日のタイムスケジュール表」（学芸みらい社）

〈共著〉
「役に立つ教育技術いくつ持ってますか6　指導場面別：集団を動かすワザ」（明治図書出版）
「特別支援の子への対応―AさせたいならBと言え」（明治図書出版）
「模擬授業対決で授業力みるみるアップ（教師修業への挑戦）」（明治図書出版）
「学級経営の急所 これだけはしてはいけない」（明治図書出版）
「今だから知りたい教師の仕事術（若い教師へのメッセージ）」（明治図書出版）
「男女の仲がよくなるゲーム30選（子どもが参加できる体育指導法の開発）」（明治図書出版）
など多数

TOSS大阪みなみ HP：https://yamamoto111-toss-minami.jimdo.com/

あなたのクラスで楽しさ爆発！
山本東矢の仲間づくり学級ゲーム50

2019年12月10日　初版発行
2021年4月10日　第2版発行
2023年3月15日　第3版発行

著　者　山本東矢
発行者　小島直人
発行所　株式会社学芸みらい社
〒162-0833　東京都新宿区箪笥町31番 箪笥町SKビル3F
電話番号 03-5227-1266
https://www.gakugeimirai.jp/
E-mail : info@gakugeimirai.jp
印刷所・製本所　藤原印刷株式会社
企　画　樋口雅子
校　正　菅　洋子
本文イラスト　山本尚子
本文組版・ブックデザイン　小沼孝至

落丁・乱丁本は弊社宛お送りください。送料弊社負担でお取り替えいたします。

ISBN978-4-909783-20-2 C3037